W0020107

Wolfgang Fasching

Der Extremsportler, Motivationsreferent und akad. Mentalcoach Wolfgang Fasching hatte acht Mal am Race across America, einem der längsten und härtesten Radrennen der Welt, das über 5000 km quer durch die USA führt, teilgenommen. Und dabei war er acht Mal auf dem Podest zu finden, drei Mal als Gewinner! Dieses Rennen wird in erster Linie im Kopf entschieden. Die mentalen Fähigkeiten entscheiden zwischen Sieg und Niederlage. Wolfgang Fasching hat sich in 20 Jahren Extremsport eine ganze Reihe mentaler Techniken praktisch und autodidaktisch angeeignet. Und er erkannte, als die Thematik wissenschaftlich untersucht wurde und Bücher darüber geschrieben wurden: Viele Techniken wurden von ihm einfach intuitiv angewandt. Nach Beendigung seiner Radsportkarriere 2007 widmete sich Fasching den theoretischen Aspekten der mentalen Stärke und absolvierte den Lehrgang zum akademischen Mentalcoach am Mentalcollege in Bregenz in Kooperation mit der Universität Salzburg. Abseits seiner sportlichen Projekte auf den Bergen dieser Welt hält der Bestsellerautor und Mount-Everest-Besteiger Vorträge und Seminare. Das Thema, ganz klar, lautet: „mentale Stärke“.

Hinweis: Dieses Buch setzt psychische Gesundheit voraus. Wenn Sie Schwankungen oder Störungen in diesem Bereich beklagen, ist dieses Buch nicht als Ersatz für fachmännische Betreuung zu sehen! In diesem Fall wenden Sie sich an einen ausgebildeten Psychologen, Therapeuten oder Mentalcoach.

Das Wort am Beginn

Aussagen wie „Es spielt sich alles im Kopf ab!“ oder „Ich war mental stark!“ hören wir sehr häufig. Aber was genau damit gemeint ist, oder was sich tatsächlich im Kopf abspielt, und wie wir diese Abläufe beeinflussen können, bleibt offen. Die Wissenschaft selbst hat sich unserer Gedanken, also Wörter und Bilder im Kopf, auch erst recht spät angenommen. Im Mittelpunkt stand und steht immer die Frage: Inwiefern beeinflussen unsere Gedanken unser Tun und unsere Gefühle? Die Antwort ist weder in der Esoterik noch in der Magie zu finden. Die moderne Gehirnforschung erkannte Wechselwirkungen zwischen kognitiven, emotionalen und biochemischen Prozessen im Menschen und konnte nachweisen, dass jeder Gedanke und jedes Gefühl eine Ausschüttung von Botenstoffen bewirkt. Diese Botenstoffe wiederum wirken auf das emotionale und kognitive System des Menschen ein. Vereinfacht heißt dies, dass unsere Gedanken unsere Gefühle beeinflussen und umgekehrt. Der mentale Ansatz verändert mit seinen Techniken und Strategien unsere Denkweisen und Vorstellungen, die sich sowohl in der Veränderung von Emotionen als auch auf den biochemischen Zustand des Körpers auswirken. Relevant daran ist aber die Erkenntnis, dass der Mensch nicht nur durch seine Umwelt und seine Kindheit bestimmt wird, sondern dass er aktiv auf seine eigenen Wahrnehmungen, Denkweisen und Verhaltensweisen direkten Einfluss nehmen kann. Der Ansatz für dieses Buch war nicht Techniken und deren Wirkung zu beschreiben, sondern konkrete einfache Tipps zu entwickeln, die gerade eben auf diesen Techniken basieren.

Ich wünsche Ihnen beim Lesen des vorliegenden Werks viel Spaß!

Wolfgang Fasching

Für mich ist mentale Stärke eine Methode zur positiven Lebensgestaltung. Gedanken haben das Bestreben, in reales Verhalten umgesetzt zu werden. Je intensiver und leidenschaftlicher unsere Gedanken sind, umso einfacher wird es für uns sein, sie Realität werden zu lassen.

MENTALE STÄRKE

Was ist mentale Stärke?

Oft werde ich gefragt: „Wie hast Du es geschafft, mit dem Rad in acht bis neun Tagen 5000 Kilometer quer durch Amerika zu fahren und dabei nur eine Stunde pro Tag zu schlafen? Wie lassen sich derartige Herausforderungen erfolgreich bewältigen? Nicht nur auf der körperlichen Ebene, sondern auch auf der mentalen?"

Die Antwort, die ich gebe, ist komplex. Ich habe gelernt, neben meiner körperlichen Fitness vor allem auch auf meine mentalen Fähigkeiten zu setzen. Diese Voraussetzungen haben mir nicht nur im Sport, sondern später auch im Berufs- und Privatleben weitergeholfen. Haben Sie sich denn schon darüber Gedanken gemacht, dass auch mentale Stärke die Grundlage für Ihren beruflichen und privaten Erfolg bildet? Und haben Sie sich gefragt, was sich nun tatsächlich hinter dieser mentalen Stärke verbirgt?

Für mich ist die mentale Stärke eine Methode zur positiven Lebensgestaltung. Wir sind bestrebt, unsere Gedanken in reales Verhalten umzusetzen. Je intensiver und leidenschaftlicher unsere Gedanken sind, umso einfacher wird es, sie Realität werden zu lassen.

Mentales Training beinhaltet die bewusste Beeinflussung des eigenen Denkens und Tuns. Durch geeignete Wörter und Bilder im Kopf kann der Mensch sein Verhalten positiv beeinflussen. Wir selbst können unser Denken und somit auch unser Handeln steuern. Dies bedeutet für mich aber auch, dass wir für unser Denken auch selbst verantwortlich sind. So wie wir denken, handeln wir, so wie wir denken, sprechen wir. Unsere Gedanken beeinflussen somit auch unseren Charakter. Es liegt an uns, ob wir positiv oder negativ denken und welche Richtung wir unserem Leben geben.
Schlechtes Wetter, ein Verkehrsstau, die Wirtschaftslage oder

die Höhe des Mount Everest sind Rahmenbedingungen, die ich nicht verändern kann. Dass ich Dauerregen und Autokolonnen ärgerlich und mühsam finde, sind aber Gedanken, die ich sehr wohl beeinflussen kann. Die Veränderung meiner inneren Einstellung verbessert die Lebensqualität und eröffnet neue Möglichkeiten. So können negativ empfundene Ereignisse oder Niederlagen plötzlich zur Lernquelle werden. Rahmenbedingungen können wir oft nicht verändern. Was wir verändern können, ist unsere innere Einstellung dazu.

„Denke positiv!“ Das hören wir immer wieder – aber wie denke ich positiv? Jeder bewegt sich im Rahmen seiner Möglichkeiten, aber nicht jeder kann alles erreichen. Wichtig ist es deswegen, seine Fähigkeiten zu erkennen und sich realistische und auch erreichbare Ziele zu stecken. Positives Denken bedeutet für mich deswegen auch realistisches Denken. Es wird uns nicht immer gelingen, nur positiv zu denken. Es reicht oft schon, negative Gedanken einfach nur zu neutralisieren.

Dieses Buch birgt einfache Tipps und Tricks, mit denen Sie in unterschiedlichen Lebenslagen durch die richtigen Gedanken – Worte und Bilder im Kopf – Ihre Wünsche und Träume in die Realität umsetzen können. Alles, was Sie sich wünschen, woran Sie dauerhaft glauben, werden Sie bekommen! Alles, was Sie befürchten, auch. Die Entscheidung liegt bei Ihnen.

MEHR
LEBENSQUALITÄT

1 Achten Sie bewusst auf die kleinen Dinge des Lebens

Wenn wir an die angenehmen und freudvollen Dinge des Lebens denken, fallen uns meist nur die großen persönlichen Errungenschaften ein: der berufliche Aufstieg, die neue Wohnung, das große Auto, der Traumurlaub; und es sind fast durchgehend Erinnerungen an materielle Erfolge oder Werte. Die kleinen, unscheinbaren Freuden des Lebens fallen meist durch den Rost. Doch gerade sie sind es, die für ein positives Bild in unserem Dasein und damit auch für eine positive Grundstimmung in uns sorgen. Achten Sie deshalb ganz bewusst auch auf die kleinen Dinge: die wärmenden Strahlen der Sonne, das Vogelgezwitscher, das angenehme Gespräch mit Freunden, ein freundliches Lächeln. Dies sind Momente und Erlebnisse, die wir aufgrund unserer Fokussierung meist nicht mehr sehen.

Mein Mentaltipp!

Lassen Sie materielle Aspekte beiseite, nehmen Sie andere, schöne Eindrücke ganz bewusst mehrmals am Tag wahr und genießen Sie diese!

2 Finden Sie Ihre lebenserfüllenden Werte

Auch wenn Sie wissen, was Ihr Leben sinnvoll macht: Von Zeit zu Zeit sollten Sie darüber nachdenken, was denn für ein sinnerfülltes Leben notwendig ist. Gehen Sie dazu wie folgt vor:

1. Besorgen Sie sich kleine Kärtchen.
2. Schreiben Sie Werte, die für Ihr Leben wichtig sind (z.B.

Gesundheit, Erfolg, Familie, ...), auf ein Blatt Papier! Als Hilfestellung finden Sie unter www.mentaltipps.com eine Liste von möglichen Begriffen.

3. Wählen Sie zehn die für Sie wichtigsten Werte aus.
4. Nummerieren Sie die Kärtchen nun von 1 bis 10 nach Ihrer persönlichen Wichtigkeit.
5. Überprüfen Sie die Rangordnung kritisch mit Augenmerk auf Ihre Lebensqualität und korrigieren Sie eventuell die Reihenfolge.

Überprüfen Sie von Zeit zu Zeit die Werte und ihre Reihenfolge. Ausgeglichene Menschen wissen meist sehr genau, was ihnen im Leben wichtig ist, und missachten ihre Werte nur selten. Dadurch steigern Sie ihre Lebensqualität erheblich.

Mein Mentaltipp!

Überprüfen Sie regelmäßig die Reihenfolge Ihrer persönlichen Werte.

3 Tagträume versetzen Sie in eine positive Stimmung

Dem Wort „Tagträumer“ eilt zu Unrecht ein eher negativ behafteter Ruf voraus. Tagträume sind indes nur ein einfaches Mittel, um eine positive Grundstimmung zu erzeugen. Wir alle kennen den Stoff, aus dem diese Träume gemacht sind: ein schöner Strand oder der Sonnenaufgang am Berg. Wenn Ihre allgemeine Stimmung etwas getrübt oder gar schlecht ist, sind Tagträume ein einfaches Mittel, um ihr Gefühlsbarometer wieder auf „Hoch“ zu bringen. Tun Sie dafür einfach zwei bis drei Minuten nichts und träumen Sie von Ihrem nächsten Urlaub, vom neuen Auto, von Ihrer großen Liebe oder von anderen angenehmen Dingen. Träumen Sie in Form von eine angenehme Stimmung erzeugenden Bildern, und spüren Sie, wie diese positiv auf Sie wirken! Genießen Sie es!

Mein Mentaltipp!

Träumen Sie öfters auch am Tag und genießen Sie es!

4 Vorfreude ist die schönste Freude

Beobachten Sie bei Kindern, welche Energie und Freude die Erwartung eines Ereignisses entwickeln kann. Denken Sie an die leuchtenden Augen in Erwartung auf das Christkind! Die Erwachsenen haben diese Fähigkeit, sich auf zukünftige Dinge zu freuen, schon verloren. Nutzen Sie Vorfreude wieder bewusster, um sich in eine positive Stimmung zu versetzen. Im Unterschied zum Tagträumen, wo Sie schon mal auf fiktive Erlebnisse „zugreifen" können, bezieht sich die Vorfreude auf bereits von Ihnen geplante, reale Ereignisse: z.B. auf den kommenden Urlaub, den Kino- oder Konzertbesuch, ein schönes Abendessen zu zweit, usw. Setzen Sie Vorfreude immer wieder ganz bewusst als „Stimmungsmacher" ein. Wenn Sie Vorfreude ganz intensiv genießen wollen, dann erleben Sie das zukünftige Ereignis bereits als inneren Film, in dem Sie die Hauptrolle spielen.

Mein Mentaltipp!

Setzen Sie Vorfreude bewusst als Stimmungsmacher ein!

5 Nehmen Sie sich mehr Zeit für sich

Unsere Lebenszeit können wir grob in drei Bereiche einteilen. Berufszeit, Privatzeit und die „Ich-Zeit". Um optimal leistungsfähig und emotional ausgeglichen zu sein, sollten diese drei Bereiche zeitlich ausgeglichen sein. Für Berufstätige ist es mittlerweile völlig normal, dass der Bereich Beruf dominiert und der Ich-Bereich zu kurz kommt. Wer niemals auf seine eigenen Bedürfnisse eingeht, darf sich nicht wundern, wenn sich Motivationslosigkeit und Überlastung einstellen. Nehmen Sie sich Zeit für Ihr Ich – für Körper, Geist und Seele. Zeit, in der Sie Ihren Hobbys nachgehen oder einfach nur einmal ein gutes Glas Wein genießen oder ein Buch lesen. Planen Sie pro Woche Zeiten ein, die Ihnen ganz alleine gehören und auf die Sie sich freuen können. Verwechseln Sie diese Ich-Zeit aber nicht mit der Privatzeit. Mit Kindern und Familie einen Ausflug zu machen, kann zwar auch schön sein, gehört aber in den Privatbereich.

Mein Mentaltipp!

Ich-Zeit gehört Ihnen, nicht der Familie, nicht den Freunden und Kollegen, sondern nur Ihnen!

6 Schließen Sie den Tag positiv ab

„Das war heute ein schlechter Tag!" – aber war es wirklich so schlimm? Nur weil einige kleine dunkle Wolken die Stimmung trüben, nehmen wir die positiven Erlebnisse nicht mehr wahr. Mit der Fünf-Finger-Fragetechnik können Sie bewusst einen positiven Akzent setzen. Angelehnt an die fünf Finger beantworten Sie sich folgende Fragen:

- **D**aumen steht für **D**enkidee: Heute eine (Denk)Idee gehabt? Ist Ihnen heute etwas eingefallen? Wir haben sehr viele Ideen, vergessen sie aber wieder. Denken Sie bewusst darüber nach!
- **Z**eigefinger steht für **Z**iel(chen): Heute ein Zielchen erreicht oder einen Schritt zu einem großen Ziel gemacht?
- **M**ittelfinger steht für **M**entalübung: Heute eine Mentalübung gemacht? Machen Sie täglich eine einfache Mentalübung: Schließen Sie für ein paar Sekunden die Augen und denken Sie kurz an Ihre Vision. Machen Sie sich gedanklich ein Bild davon, wie Sie am Ziel Ihrer Träume stehen, und genießen Sie, wie es sich anfühlt.
- **R**ingfinger steht für **r**ichtig gemacht in Form von Lob oder einer netten Geste: Haben Sie heute jemanden gelobt oder haben Sie sich zumindest selbst gelobt? Lob ist Motivation und stärkt das Selbstvertrauen.
- **K**leiner Finger steht für **K**örpergeschenk: Haben Sie Ihrem Körper heute etwas Gutes getan? Ein Körpergeschenk kann sein: Sport, die Sauna, aber auch ein Glas Wein auf die Gesundheit, das „Gsundheitsachterl". Achten Sie bewusst auf Ihren Körper, Sie haben nur einen.

Mein Mentaltipp!

Schließen Sie den Tag mit der Fünf-Finger-Fragetechnik ab!

7 Machen Sie sich eine private To-do-Liste

To-do-Listen kennen Sie im Allgemeinen aus dem Zeitmanagement des Berufsalltags. In diesem Zusammenhang sind To-do-Listen einfach ein Planungswerkzeug. Machen Sie sich dies doch auch für den privaten Bereich zunutze, aber in einem anderen Zusammenhang: Sammeln Sie Ideen für Dinge, die Sie schon lange nicht mehr gemacht haben, die aber immer wieder in Ihrem Kopf präsent sind. Wohlgemerkt: keine Arbeiten oder im Haushalt, Garten, der Garage zu erledigende Aufgaben. Schreiben Sie auf diese Liste nur Punkte, die einen Freizeitcharakter haben und vor allem eines tun: Ihre ganz persönlichen Bedürfnisse befriedigen. Die Reihenfolge überlassen Sie Ihrem Bauchgefühl. Und jetzt das Wichtigste einer To-do-Liste: Tun Sie es einfach!

Mein Mentaltipp!

Schreiben Sie Ihre persönliche Wunschliste „Was ich schon immer machen wollte" und tun Sie es einfach!

8 Vereinfachen Sie Ihr Leben

„Einfach glücklich" bringt unser Grundbedürfnis nach Einfachheit auf den Punkt. Paradoxerweise wurde unser Leben durch Streben nach Einfachheit verkompliziert. Die komplizierte Software wurde geschrieben, um Abläufe zu vereinfachen, Mobiltelefone haben sich etabliert, um einfach überall zu telefonieren. Nehmen Sie hin und wieder eine Auszeit von der Komplexität des Lebens. Schalten Sie das Mobil-telefon aus, lassen Sie Ihr Notebook zu Hause und das Auto in der Garage. Setzen Sie sich einfach in die Sonne, lesen Sie ein Buch oder lassen Sie einfach nur die Füße baumeln – tun Sie einfach einmal nichts!

Mein Mentaltipp!

Nehmen Sie sich hin und wieder eine Auszeit von der Komplexität des Lebens!

9 Ein Lächeln wirkt oft Wunder

Und dies nicht nur bei Ihrem Partner oder Mitmenschen, sondern auch bei Ihnen! Wenn Ihre Stimmung am Tiefpunkt angelangt ist und Ihnen die Arbeit besonders schwer fällt, dann zaubern Sie ein Lächeln auf Ihre Lippen. Auch wenn es schwerfällt – tun Sie es einfach! Sobald die Muskulatur, die fürs Lachen zuständig ist, aktiviert wird, erhält das Gehirn positive Rückmeldung: Alles in Ordnung. Wir fühlen uns wohl. Glückshormone werden freigesetzt. Der Gedanke an etwas Schönes verstärkt zusätzlich die Wirkung. Bereits nach kurzer Zeit werden Sie erkennen, dass Sie sich wohler und zuversichtlicher gestimmt fühlen. Die Kraft des „Wohlfühl-Lächelns" wurde auch wissenschaftlich nachgewiesen. Übrigens: „Beginnen Sie jeden Tag mit einem Lächeln!" funktioniert nach demselben Prinzip. Für ein Lächeln benötigen wir im gesamten Körper fast 80 Muskeln.

Mein Mentaltipp!

Lächeln Sie, auch wenn Ihnen nicht danach zumute ist!

10 Bereiten Sie sich auf einen erholsamen Schlaf vor

Nur selten sind Einschlafstörungen organischer Natur. In vielen Fällen ist der Kopf die Ursache. Einschlafen benötigt – wie viele Dinge im Leben – auch Vorbereitung. Wenn Sie von einem langen und anstrengenden Tag erst spät nach Hause kommen, Ihre Gedanken noch immer um die Arbeit kreisen und die unerledigten Dinge Sie beschäftigen, dann sind dies schlechte Voraussetzungen für ein entspanntes Einschlafen. Planen Sie entsprechende „Pufferzeiten" ein, um abzuschalten, und bereiten Sie sich auch im Kopf auf einen erholsamen Schlaf vor. Nutzen Sie Entspannungstechniken oder ein entspannendes Bad, um Ihren Körper und Ihren Geist in einen entspannten Zustand zu versetzen. Auch den Schlaf fördernde Rituale wie Lesen oder Musikhören können hilfreich sein.

Mein Mentaltipp!

Gehen Sie entspannt zu Bett und Sie werden einen erholsamen Schlaf finden!

11 Geben Sie Ihrem Leben eine Richtung und einen Sinn

Unzufriedenheit mit dem eigenen Leben beeinträchtigt die Lebensqualität massiv. Was benötigen Sie für ein sinnerfülltes, zufriedenes Leben? Haben Sie sich darüber schon einmal Gedanken gemacht? Die Schlagworte Sinn und Zufriedenheit drehen sich nicht nur um ein fettes Bankkonto oder um die Villa auf Mallorca. Es geht vielmehr um eine selbstbestimmte Zukunft, von der Sie sagen können: Dafür lohnt es sich zu leben. Richten Sie deshalb Ihren Kompass neu aus! Machen Sie sich bewusst, wofür Sie wirklich leben wollen. Schreiben Sie für Ihren achtzigsten Geburtstag eine Rede! Was möchten Sie Ihren Enkeln erzählen? Was sollen diese von Ihren Großeltern denken und wie soll man Sie in Erinnerung behalten? Wenn Sie Ihre Rede analysieren, werden Sie die Richtung und Ihren Lebenssinn darin entdecken. Richten Sie Ihr Leben und Ihre Aktivitäten danach aus.

Mein Mentaltipp!

Machen Sie sich bewusst, wofür Sie wirklich Leben wollen!

ERFOLGREICH
DURCH MENTALE
STÄRKE

12 Feiern Sie Ihre Erfolge

Begeistern Sie sich auch für die kleinen Erfolge, denn Sie sind häufiger als die großen. Außerdem bekommen Sie dadurch öfter die Möglichkeit, etwas zu feiern – was ja an sich schon eine schöne Sache ist. Seien Sie stolz auf sich und Ihre Leistungen! Sie fördern dadurch eine positive Grundhaltung und entwickeln ein echtes Erfolgs- und Zufriedenheitsgefühl, das in direktem Zusammenhang mit Ihrer Tätigkeit steht. Dies stärkt Ihr Selbstbewusstsein, gibt Mut, innere Stärke und fördert das Vertrauen in die eigenen Fähigkeiten und Stärken. Sie sind in der Lage, auch weiterhin neue und ungewohnte Herausforderungen mit einem deutlichen „JA!" anzunehmen.

Mein Mentaltipp!

Achten Sie bewusst auf die kleinen Erfolge, denn wie die Werbung uns sagt: Was wären die großen Erfolge ohne die kleinen?

13 Suchen Sie gezielt nach Ihren Stärken

Sie trauen es sich nicht zu, erfolgreich zu sein? Aus welchem Grund? Wissen Sie vielleicht zu wenig über sich selbst, Ihre Stärken und Talente? Um Ihre positiven Seiten zu finden, gehen Sie wie folgt vor: Mutmaßen Sie über sich selbst und notieren Sie die Stärken und Talente, die Sie zu besitzen glauben. Dann fragen Sie sich, was Ihnen gut gelingt, was Ihnen Spaß macht, woran Sie Freude finden. Mit den Antworten auf diese Fragen werden Sie Hinweise auf Ihre Stärken bekommen. Was Ihnen nicht gut gelingt, wozu Sie sich überwinden müssen, was Ihnen keine Freude bereitet, all diese Punkte werden Sie indes zu Ihren Schwächen führen. Arbeiten Sie an Ihren Stärken und verbessern Sie diese. Ihre Schwächen nehmen Sie an, vielleicht verbessern Sie diese auch, aber niemals auf Kosten Ihrer starken Seiten. Stärken Sie Ihre Stärken!

Mein Mentaltipp!

Fragen Sie Bekannte, Arbeitskollegen oder Freunde, was Sie besonders gut können, welche Stärken und Fähigkeiten sie bei Ihnen sehen. Sie bekommen eine weitere Sichtweise auf Ihre positiven Seiten.

14 Seien Sie Ihres Glückes Schmied

Viele Menschen warten darauf, dass sie jemand an der Hand nimmt und zum Erfolg führt. Solche Begegnungen passieren, nun ja, eher selten. Welche Veranlassung hätte jemand, sich darum zu kümmern, dass Sie erfolgreich sind? Für alle Lebensbereiche gilt: Erfolgreich werden Sie nur, wenn Sie sich selbst aktiv darum kümmern. Erfolg können Sie nicht delegieren, denn das Prinzip des Erfolgs beruht auf Eigeninitiative und Selbstverantwortung! Nur wenn Sie selbst das Heft in die Hand nehmen und aktiv die Dinge vorantreiben, werden Sie eines Tages auch den Erfolg haben, den Sie sich vorgestellt haben. Definieren Sie Erfolg für sich persönlich!

Mein Mentaltipp!

Warten Sie nicht auf den Erfolg. Gehen Sie dem Erfolg aktiv entgegen, indem Sie sich mit den Dingen, die Sie erreichen möchten, intensiv beschäftigen.

15 Definieren Sie, was Erfolg für Sie bedeutet

Menschen haben generell das Bedürfnis, erfolgreich zu sein – aber was ist überhaupt Erfolg? Haben Sie sich diese Frage schon einmal gestellt? Nein? Dann sollten Sie es tun! Bedeutet für Sie Erfolg, nur nach materiellen Dingen zu streben? Bedeutet er die Bewältigung von Herausforderungen? Oder definieren Sie ihn wieder anders? Für mich ist Erfolg das Erreichen persönlich gesteckter Ziele. Wenn ich das erreiche, was ich mir vornehme, dann bin ich schon erfolgreich. Denken Sie nicht in „großen" Erfolgen, Sie bauen dadurch eine schier unüberwindbare Barriere auf, und Sie sagen sich: Das schaffe ich sowieso niemals ... Diese Aussage senkt Ihren Bewältigungsglauben. Der Weg zum großen Erfolg besteht aus vielen kleinen Erfolgen. Sie bewusst wahrzunehmen, macht Sie zu einem wirklich erfolgreichen Menschen.

Mein Mentaltipp!

Denken Sie darüber nach, was Erfolg für Sie wirklich bedeutet!

16 Erfolg beginnt im Kopf

Am Anfang jeden Erfolgs steht der Wunsch, der Traum oder die Vision – und nicht das Ziel. Wünsche und Träume haben emotional mehr Kraft als Ziele. Träumen Sie davon, was Sie sich wünschen! Bleibt ein Wunsch über einen längeren Zeitraum in Ihrem Kopf bestehen, dann kann das ein Zeichen des Lebens sein: Erfüllen Sie sich diesen Wunsch! Visionen und Träume sind der Motor für aktives Lebensengagement und haben direkte Auswirkungen auf berufliche Belange, soziale Kontakte, auf körperliches Wohlbefinden – auf all das, was wir „Sinn des Lebens“ nennen. Aus den Visionen leiten Sie Ihre Ziele ab, um diese dann tatsächlich zu realisieren. Klare Ziele haben bereits eine konkrete Struktur und auch einen Realisierungsplan.

Mein Mentaltipp!

Spüren Sie Ihren Wünschen und Träumen nach. Denn sie beinhalten das, was Sie wirklich glücklich machen kann.

17 Übernehmen Sie Verantwortung für Ihr Tun

Im Leben gilt es immer wieder, Entscheidungen zu treffen. Im Nachhinein können diese richtig oder falsch gewesen sein. In jenem Moment, in dem Sie sich deklariert haben, war Ihre Entscheidung die richtige (sonst hätten Sie sich nicht für diese Option, sondern für eine andere entschieden). Wenn sich herausstellt, dass es der falsche Weg war: Verstecken Sie sich nicht hinter Ausreden. Suchen Sie nicht nach Schuldigen. Sie vergeuden eine Chance, sich zu verbessern. Ein Eingestehen Ihres Fehlers macht Sie sympathisch und stärkt gleichzeitig auch Ihre Persönlichkeit und Authentizität. Stehen Sie zu Ihren Entscheidungen, auch wenn Sie falsch waren.

Mein Mentaltipp!

Stehen Sie zu Ihren Fehlern, suchen Sie nicht nach Schuldigen oder Ausreden. Das ist der erste Schritt, aus Rückschlägen zu lernen.

18 Was Sie gerne machen, machen Sie auch gut

Wirklich erfolgreich sind Sie nur dann, wenn Sie bei Ihrer Tätigkeit mit Leib und Seele dabei sind und mit Freude, Begeisterung und innerer Überzeugung ans Werk gehen. Auf dem Weg zum Ziel wird es für Sie nicht immer ein Erfolgserlebnis nach dem anderen geben. In schwierigen Phasen fällt es Ihnen manchmal schwer, sich zu motivieren und Freude aufzubringen, überhaupt weiterzumachen. In diesen Momenten der Krise sollten Sie sich die positiven und erfreulichen Seiten Ihres Tuns vor Augen führen. Stellen Sie sich folgende Fragen: Welche sind die attraktiven Seiten dieser Tätigkeit? Was bereitet mir dabei besondere Freude? Suchen Sie ganz bewusst nach positiven Argumenten. Verinnerlichen Sie diese so gut Sie nur können! Lassen Sie die damit verbundenen Gefühle auf sich wirken! So können Sie sich jederzeit in eine positive Grundstimmung versetzen – sollten Sie sich einmal in einem Motivationstief befinden – und somit den Weg zum Erfolg weitergehen.

Mein Mentaltipp!

Denken Sie darüber nach, was Sie besonders gerne machen! Darin werden Sie auch erfolgreich sein!

19 Nutzen Sie Niederlagen als Lernquelle

Von erfolgreichen Menschen hören wir immer wieder: „Auch meine Niederlagen hatten positive Aspekte. Daraus habe ich viel gelernt und immer wieder Kraft geschöpft!“ Auf dem Weg zum Ziel gibt es auch den einen oder anderen Misserfolg zu verkraften. Sehen Sie dies nicht negativ. Jeder Misserfolg gibt Ihnen die Chance, zu lernen und dadurch stärker und damit erfolgreicher zu werden. Analysieren Sie, was schiefgel ist, ziehen Sie die richtigen Schlüsse und machen Sie sich wieder frisch ans Werk! Denn diesmal klappt es bestimmt.

Mein Mentaltipp!

Sehen Sie in Niederlagen die positiven Aspekte und nutzen Sie diese als Lernquelle!

20 Gehen Sie optimistisch an die Sache heran

Ob Ihr Glas halbvoll oder halbleer ist, entscheidet Ihre Einstellung. Das gilt auch für alle Herausforderungen, vor denen Sie stehen. Ob Sie positiv gestimmt oder bereits mit einer negativen Haltung an eine neue Aufgabe herangehen, entscheidet meist schon zu Beginn über Erfolg oder Misserfolg, Sieg oder Niederlage. Wenn auch auf den ersten Blick eine neue Herausforderung vielleicht um eine Nummer zu „groß" erscheinen mag, sagen Sie nicht von vornherein „NEIN!". Wer schon von Beginn an vor den Möglichkeiten der eigenen Grenzen zurückschreckt, wird sich selbst niemals zu Höchstleistungen und damit zu Erfolgen anspornen können!

Mein Mentaltipp!

Sagen Sie nicht gleich kategorisch „NEIN", sondern denken Sie zuerst nach und gewinnen Sie Distanz. Dann zeigen viele verschiedene Aspekte auch viele verschiedene Seiten!

21 Finden Sie Ihre Ziele, sie sind in Ihnen

Sie haben keine Ziele? Stimmt nicht! Jeder Mensch hat Wünsche und Träume. Er sagt: „Das wollte ich schon immer mal machen!“, oder: „In fünf Jahren möchte ich dies oder jenes realisiert haben.“ Die Häufigkeit und die Intensität, mit der Sie sich mit diesen Dingen beschäftigen, sagen Ihnen, wie wichtig es Ihnen ist. Sehen Sie Ihre Gedanken als einen Auftrag an Sie. Der Auftrag lautet: Setzen Sie den Wunsch um und machen Sie diesen Wunsch zum Ziel, indem Sie eine Struktur dahinter setzen! Planen Sie, wie Sie sich diesen Wunsch erfüllen können!

Mein Mentaltipp!

Vertrauen Sie beim Finden Ihrer Ziele auf das Bauchgefühl, es führt Sie zu Ihren wahren Zielen!

22 Schreiben Sie ein Tagebuch Ihres Erfolgs

Erfolgserlebnisse stärken das Selbstbewusstsein. Sehr häufig überdecken nur kleine negative Ereignisse die positiven Dinge des Tages, färben dadurch aber den ganzen Tag grau ein. Schreiben Sie am Abend bewusst drei positive Ereignisse aus dem Beruf und drei positive Ereignisse aus Ihrem Privatleben auf. Machen Sie dies Tag für Tag, Woche für Woche und Monat für Monat. Sie werden realisieren, wie viele Erfolgserlebnisse Sie haben. Achten Sie dabei bewusst auf die Kleinigkeiten des Lebens! Was soll diese Schreibübung bringen? Konsequent durchgeführt, stärkt Sie Ihr Selbstvertrauen und lenkt Ihren Fokus wieder vermehrt auf die positiven Dinge des Lebens.

Mein Mentaltipp!

Schreiben Sie am Abend je drei positive Erlebnisse aus Ihrem Berufsleben und Ihrem privaten Bereich in Ihr Erfolgstagebuch.

MENTALE STÄRKE
IM BERUF

23 Noch nicht der Chef? Dann träumen Sie doch davon

Sie haben ein berufliches Ziel, aber der Weg dorthin ist lang und schwierig und manchmal verlieren Sie es auch aus den Augen? Bleiben Sie mit Ihrem Ziel ständig in „Blick-Kontakt“, lassen Sie die Verbindung niemals abreißen! Die einfachste Methode, dies auch umzusetzen, ist sich das Ziel bildlich vorzustellen. Dies gibt Kraft und Identifikation mit Ihrem Ziel. Wenn Sie zum Beispiel Abteilungsleiter werden wollen oder beruflich weiterkommen möchten, dann machen Sie sich immer wieder Bilder davon, wie es sein wird, wenn Sie das Ziel erreicht haben. Stellen Sie sich vor, wie es sich anfühlt, ein eigenes Büro mit Ihrem Namensschild an der Tür zu besitzen, wie Sie hinter dem Schreibtisch thronen, wie Ihre Mitarbeiter mit deren Anliegen zu Ihnen kommen! Tun Sie es mit all Ihren Sinnen und setzen Sie Ihre Gefühle ein. Wie fühlt es sich an, der „Boss“ zu sein? Das sollte Ihnen Kraft geben und helfen, tatsächlich Ihr berufliches Ziel zu erreichen.

Mein Mentaltipp!

Träumen Sie öfters von dem, was Sie erreichen möchten!

24 Mehr Zufriedenheit im Job

Sie sind unzufrieden mit Ihrem Job? Dann versuchen Sie herauszufinden, woran dies liegen kann. Überlegen Sie, wie der ideale Job für Sie aussieht und welche Anforderungen Sie an Ihren Traumberuf stellen. Halten Sie diese Punkte schriftlich fest und bringen Sie sie in eine hierarchische Reihenfolge. Hinterfragen Sie Ihre Argumente kritisch! Und nun betrachten Sie Ihre Liste von einer anderen Seite: Welche Punkte sind nicht erfüllt? Resultiert daraus Ihre Unzufriedenheit? Überlegen Sie, was Sie in Ihrer aktuellen Situation verändern können oder welche anderen Alternativen Sie haben. Vermeiden Sie Ihr Worst-Case-Szenario: nichts zu tun und deswegen dauerhaft unzufrieden und frustriert zu sein.

Mein Mentaltipp!

Denken Sie regelmäßig an Ihren idealen Job und überprüfen Sie, wie weit Sie davon entfernt sind!

25 Wechseln Sie Ihre Umgebung

Viele erfolgreiche Menschen haben Orte, an die sie sich zurückziehen, um Abstand zu gewinnen und kreativ zu sein. Sie brauchen dafür kein neues Büro mieten – seien Sie einfach kreativ. In manchen Firmen gibt es ungenützte Räume, wie beispielsweise das hauseigene Restaurant, das meist nur um die Mittagszeit rege besucht ist. In einem Microsoft-Werbespot entflieht eine Mitarbeiterin sogar in die Kirche, um ungestört arbeiten zu können. Die Grundidee hinter dem Ortswechsel ist immer dieselbe: Plätze aufzusuchen, die Energie und Kraft geben, die Konzentration fördern oder Sie inspirieren. Und, ja, es kann auch die Kantine sein, wenn Sie dort ungestört arbeiten oder Ihren kreativen Gedanken nachhängen können!

Mein Mentaltipp!

Suchen Sie öfters Orte auf, an denen Sie sich wohl fühlen und an denen Sie Kraft und Energie finden!

26 Mental stark in das Bewerbungsgespräch

Zum Bewerbungsgespräch gehört nicht nur eine ausgezeichnet aufbereitete Bewerbungsmappe, sondern auch ein sicheres und überzeugendes Auftreten. Mentale Vorbereitung ist ein wichtiger Faktor, um selbstbewusst, kompetent und sicher zu wirken. Stellen Sie sich deswegen auch geistig auf das Jobinterview ein. Für kritische Fragen formulieren Sie für sich positiv schlagfertige Antworten. Gedanken wie „Diesen Job bekomme ich nie!" oder „Hoffentlich fallen mir die passenden Worte ein!" ersetzen Sie durch positive innere Anweisungen: „Ich bekomme diesen Job!" oder „Ich bin bestens vorbereitet und habe viel zu erzählen!" Wenn Sie rechtzeitig anreisen, macht dies nicht nur einen guten Eindruck, Sie gewinnen auch noch Zeit, um zu entspannen und die Atmosphäre des Unternehmens auf sich wirken zu lassen. Unmittelbar vor dem Gespräch atmen Sie einige Male tief durch und führen dann ein entspanntes, erfolgreiches Bewerbungsgespräch.

Mein Mentaltipp!

Bereiten Sie sich auch mental auf das Bewerbungsgespräch vor!

27 Führen Sie ein Ideennotizbuch

„Wer schreibt, der bleibt", sagt der Volksmund. In unserem Kopf schwirren ständig Ideen und Informationen herum, die man nicht vergessen darf. Gerade bei sportlichen Betätigungen wie dem Laufen sind viele Menschen besonders kreativ und Ideen sprudeln nur so aus ihnen heraus. Zu Hause angekommen, haben sie vielleicht nicht alles, aber vieles wieder vergessen. Auch im Alltag geraten viele gute Ideen in Vergessenheit. Die Schriftlichkeit ist somit nicht nur Vorbeugung gegen das Vergessen, sondern schafft auch eine größere Verbindung mit dem Unterbewusstsein. Schreiben Sie Ihre Ideen daher in ein Buch. Wenn Sie dieses Buch mit mehreren Arbeitskollegen gemeinsam führen, dann tauschen Sie dadurch Ideen aus und fördern kreative Prozesse. Probieren Sie es einfach aus!

Mein Mentaltipp!

Schreiben Sie Ihre Ideen in ein Buch! Dadurch vermeiden Sie, dass Kreativität verloren geht, und Sie fördern den Gedankenaustausch!

28 Teile und herrsche: die Salamitechnik

Große Aufgaben erscheinen allein durch ihre Größe oft als unlösbar und überfordern uns. Es ist auch schwierig, sich über einen längeren Zeitraum auf eine einzige Aufgabe zu konzentrieren. Hier hilft die Salamitechnik: Bei schier unlösbar erscheinenden großen Aufgaben gehen Sie folgendermaßen vor: Zerlegen Sie die große Aufgabe (Salami) in mehrere Kleinaufgaben (Scheiben). Diese einzelnen Teilaufgaben schreiben Sie auf, geben Ihnen Prioritäten und Termine und erledigen sie Schritt für Schritt – so lange, bis Sie Ihre große Aufgabe erledigt haben. Der Vorteil: Kleine Aufgaben sind kürzer und überschaubarer. Dadurch ist es einfacher, Motivation und Konzentration aufrechtzuerhalten. Das Beste am Ende jeder Teilaufgabe: ein Erfolgserlebnis. Diese Technik wenden auch Ausdauersportler zur Bewältigung langer Distanzen an: Sie laufen gedanklich den Marathon auch nicht am Stück. Sie laufen Kilometer für Kilometer und wenn es hart wird, oft nur Schritt für Schritt.

Mein Mentaltipp!

Zerlegen Sie große Aufgaben in mehrere kleine Aufgaben. Diese sind einfacher zu lösen!

29 Trennen Sie Beruf und Freizeit auch gedanklich

Plagen Sie in Ihrer Freizeit Gedanken über Ihre Arbeit? Freizeit ist kostbare Zeit für Ihren Privatbereich. Setzen Sie deshalb ganz bewusst genau definierte Schlusspunkte an das Ende Ihres Arbeitstages. Wie das funktioniert? Indem Sie bewährte Rituale gebrauchen, die Sie zu jedem Arbeitsende anwenden. So könnten Sie am Ende des Arbeitstages alle Ihre Unterlagen sortieren und ordnen, wichtige Dokumente ablegen und unwichtiges Zeug entsorgen. Es ist dies ein äußeres Zeichen für den Dienstschluss. Ein geordneter Arbeitsplatz wirkt optisch und letztendlich auch in der Vorstellung als definitiver Abschluss des Arbeitstages. Schalten Sie Ihren Computer aus, warten Sie den gesamten Prozess des „Herunterfahrens" ab und schalten Sie dadurch ebenfalls ab. Schließen Sie von außen die Bürotür nachdrücklich zu, vielleicht mit dem Reizwort „Schluss!". Egal wie: Es geht darum, dass Sie bereits kurz nach dem Verlassen Ihres Arbeitsplatzes auf ganz andere Gedanken kommen. Ganz nach dem Motto: „Meine Freizeit gehört mir."

Mein Mentaltipp!

Finden Sie ein persönliches Ritual, um Beruf und Freizeit zu trennen!

30 Räumen Sie Ihren Arbeitsplatz auf

Viele Aufräumaktionen haben wir ohnehin schon längst im Kopf. Das klingt dann so: „Ich müsste vielleicht mal, äh, aufräumen und mich von dem einen oder anderen Ding trennen.“ Sie ahnen schon, dass es auf diese Art und Weise nicht funktionieren wird. Räumen Sie deswegen einfach Ihren kompletten Schreibtisch oder Arbeitsplatz leer, putzen Sie dann die Schreibtischplatte und freuen Sie sich über die leere, blanke Arbeitsfläche. Ihr Unterbewusstsein merkt sich dieses Bild: So einfach kann Ihr Leben sein! Das war nun aber erst die halbe Aufräumaktion, denn die Sachen stehen jetzt wahrscheinlich am Boden herum. Entrümpeln Sie jetzt! Wichtig dabei ist, dass Sie alles, was Sie nicht wirklich benötigen, entsorgen. Vermeiden Sie Stapel von unnötigen Dingen auf Ihrem Arbeitsplatz. Sie werden bemerken: Ist Ihr Büro aufgeräumt, sind Sie auch im Kopf freier!

Mein Mentaltipp!

Räumen Sie Ihren Arbeitsplatz auf, archivieren Sie nicht Benötigtes, entsorgen Sie Überflüssiges – und diese Aktion entlastet auch Ihren Kopf!

31 Nutzen Sie Ihre persönliche Leistungskurve

Unsere Leistungsfähigkeit ist einem bestimmten Tagesrhythmus unterworfen. Nutzen Sie Ihre Leistungs-Hochs, um anspruchsvolle Aufgaben erfolgreich zu bewältigen. Sie sind tagsüber manchmal völlig blockiert, aber dann läuft es wieder wie von selbst? Das kann mit Ihrer persönlichen Leistungskurve zusammenhängen. Diese ist bestimmten Rhythmen unterworfen und ändert sich je nach Tageszeit. Die meisten

Menschen erleben ihr Leistungshoch am Vormittag. Es kann aber auch zu individuellen Unterschieden kommen. Wie auch immer, Sie sollten danach trachten, Aufgaben, die Ihre volle Leistungsfähigkeit beanspruchen, in einen Zeitraum zu verlegen, in dem Sie tatsächlich Höchstleistung erbringen können. Einfachere Aufgaben wickeln Sie ab, wenn Ihre Leistungskurve sich eher im unteren Bereich befindet.

Mein Mentaltipp!

Wenn Sie Ihre Tages- und Aufgabenplanung Ihrer Leistungskurve anpassen, arbeiten Sie entspannter und nutzen Ihr Energieniveau effektiver aus!

32 Gestalten Sie sich ein freundliches Arbeitsumfeld

Unterschätzen Sie nicht die Wirkung von Farben, Gerüchen, Pflanzen, Bildern an Ihrem Arbeitsplatz. Auch leise Musik im Hintergrund kann Ihre Arbeitsweise unterstützen. Ihr unmittelbares Umfeld hat nämlich direkten Einfluss auf Ihre Gedanken und auf Ihre Stimmung. Klar ist, dass sich ein kahles Arbeitsumfeld auf den Gemütszustand auswirkt und dass ein Schreibtisch im Chaos einiges über denjenigen aussagt, der hier tätig ist! Gestalten Sie sich daher ein Umfeld, in dem Sie sich wohlfühlen. Es muss nicht unbedingt ein gesamter Büroumbau sein – es reichen auch schon Kleinigkeiten: ein Bild Ihrer Liebsten, Ihr letztes Urlaubsbild als Bildschirmhintergrund, Pflanzen, kleine persönliche Dinge, die Ihnen Freude bereiten. Die Stimmung am Arbeitsplatz ist entscheidend: Gute Führungskräfte schaffen für Ihr Unternehmen eine Atmosphäre von Erfolg und Optimismus und fördern den positiven Geist neuer Ideen.

Mein Mentaltipp!

Schaffen Sie sich ein angenehmes und positives Arbeitsumfeld!

33 Der „Powernap" – leistungsfähig in kurzer Zeit

In unserer von Stress und Hektik geprägten Berufswelt wirkt ein kurzer Schlaf oft Wunder. Ein kurzes Nickerchen zwischendurch verbessert die Leistungs- und Konzentrationsfähigkeit und minimiert die Gefahr eines Burn-out-Syndroms. Setzen Sie sich dazu bequem in Ihren Stuhl, nehmen Sie einen Schlüsselbund in die Hand und lassen Sie die Hand mit dem Schlüsselbund einfach nach unten hängen. Und nun schließen Sie die Augen und widmen sich ganz Ihrem Nickerchen. Keine Angst, Sie werden nicht verschlafen! Denn sobald Sie tatsächlich einschlafen, wird Ihre Hand den Schlüsselbund ganz automatisch loslassen. Fällt dieser zu Boden, werden Sie aufgrund des Geräusches, das entsteht, wieder hellwach sein. Entscheidend ist dabei, dass Sie nicht in die Tiefschlafphase fallen. Eben dabei hilft Ihnen der Trick mit dem Schlüsselbund.

Mein Mentaltipp!

Nutzen Sie ein kurzes Nickerchen, um Energie zu tanken!

POSITIVER UMGANG MIT STRESS

34 Stoppen Sie negative Gedankenkreise

Jeder hat das schon mal erlebt: Gedanken kreisen immer wieder um ein Problem, und es wird gedanklich immer größer. Es ist eine Negativspirale: Sie denken nur an diese große, negative Hürde, Ihre Stimmung wird zunehmend schlechter und die Sicht auf etwaige Lösungsmöglichkeiten wird getrübt. Wenn Sie sich dabei ertappen, dass Ihre Gedanken sich im Kreise drehen, dann sagen Sie: „STOP!" Wenn Sie nicht alleine sind, dann machen Sie es zumindest gedanklich. Zur Unterstützung können Sie an ein rotes Stoppschild denken oder schlagen dabei kurz mit der geballten Faust auf den Oberschenkel. Der leichte Schmerz und/oder Ihre geistige Beweglichkeit lenken die Aufmerksamkeit auf andere Gedanken. Auch Sport ist eine Möglichkeit, um Gedankenkreise zu brechen. Wenn es nicht funktioniert, erhöhen Sie das Tempo Ihrer Bewegungseinheiten.

Mein Mentaltipp!

Lenken Sie Ihre Aufmerksamkeit in andere Bahnen, indem Sie sich körperlich betätigen oder sich durch andere Gedanken ablenken.

35 In der Pause passiert die Leistungssteigerung

Im Sport ist dieses Phänomen längst bekannt. Sportler, die zu viel trainieren, beobachten eine Leistungsstagnation oder ein Übertraining. Auch in der Arbeitswelt fördert Überlastung die bekannten Zivilisationskrankheiten wie Depression und Burn-out. Optimal leistungsfähig sind wir nur dann, wenn das Verhältnis zwischen Belastung und Entlastung im richtigen Verhältnis steht. Achten Sie daher bewusst auf Pausen und infolgedessen auch auf die Pausenplanung. Erst am Ende des Tages zu pausieren, dann, wenn Sie bereits müde und ausgepowert sind, ist weniger effizient als mehrere kleinere Pausen über den Tag verteilt.

Mein Mentaltipp!

Powern Sie sich nicht nur aus, gönnen Sie sich auch Pausen!

36 Verändern Sie Ihre Einstellung

Sie ärgern sich auf dem Weg zur Arbeit über den Stau, über fehlende Parkplätze, über das schlechte Wetter und kommen schon gereizt im Büro an. Nur sehr selten können wir Rahmenbedingungen verändern, der Stau wird nicht weniger, die Parkplätze nicht mehr und das Wetter nicht schöner, auch wenn der Ärger noch so groß ist. Das Einzige, was Sie verändern können, ist Ihre persönliche Einstellung diesen Situationen gegenüber. Finden Sie für sich die richtigen Argumente, warum Stau, schlechtes Wetter oder andere Gründe für Ärger auch etwas Positives an sich haben: Ich kann mich beispielsweise im Stau gedanklich auf den Tag einstellen und höre gute Musik. Sie werden Ihre Einstellung nicht von heute auf morgen ändern. Aber mit etwas Übung und Disziplin können Sie allen Ereignissen positive Seiten abgewinnen und Sie werden sich deutlich weniger ärgern.

Mein Mentaltipp!

Versuchen Sie nicht, unabänderbare Rahmenbedingungen zu ändern, arbeiten Sie dafür an Ihrer inneren Einstellung!

37 Machen Sie sich weniger Sorgen

Viele meiner Mentaltipps nutzen die Vorstellungskraft, sich schöne Dinge in der Fantasie auszumalen und Kraft daraus zu schöpfen. Wenn Sie sich unangenehme Ereignisse und Katastrophen in allen Details ausmalen, dann sprechen wir von Sorgen. Wir machen uns Sorgen über unsere Liebsten, über die Vergangenheit, über unseren Arbeitsplatz, über die Zukunft, über alles eben. Statistisch gesehen ist ein Großteil der Sorgen unbegründet. Die befürchteten Ereignisse werden nie eintreten. Andere liegen in der Vergangenheit und sind schon längst Geschichte. Über 90 Prozent der Sorgen, die wir uns machen, sind also unbegründet. Doch auch wenn die Logik uns sagt: „Sorge dich weniger", so ist dies nicht immer einfach. Ein bewährter Trick zum Abbau der Sorgen ist die Installation einer positiven Motivationsstimme, die Mut zuspricht und aufmuntert. Grübeln Sie nicht über Dinge nach, die irgendwann in der Zukunft passieren könnten. Konzentrieren Sie Ihre Gedanken auf den einzigen Punkt, auf den Sie Einfluss nehmen können: auf jenen im Hier und Jetzt. Auch Vorfreude auf ein zukünftiges Ereignis kann genutzt werden, um auftretende Sorgen zu neutralisieren. Denn: Es ist nicht möglich, sich gleichzeitig zu freuen und zu sorgen.

Mein Mentaltipp!

Entsorgen Sie Ihre Sorgen und freuen Sie sich auf Zukünftiges!

38 Tanzen Sie nicht auf allen Hochzeiten

Jeder Mensch hat nur ein limitiertes Potential an Energie zur

Verfügung. Ist dieses Potential ausgeschöpft, greifen wir auf Energiereserven zurück, die aber auch limitiert sind. Gehen Sie daher behutsam mit Ihrer Energie um. Wir alle unterliegen einer Grundbelastung. Diese besteht aus Stressfaktoren wie beispielsweise Alltagssorgen, Konflikten, Beziehungsproblemen, Spannungen im persönlichen Umfeld. Dazu kommen Stressfaktoren, die wir uns selbst schaffen. Wenn Sie in einem Ihnen wichtigen Bereich viel Energie investieren, vermeiden Sie Überlastung, indem Sie in anderen Bereichen sparsam mit Ihren Ressourcen umgehen. Sagen Sie auch mal bewusst „NEIN!". Erstellen Sie eine Liste und halten Sie fest, welchen Stressfaktoren Sie ausgesetzt sind. Sie machen sich dadurch bewusst, wie viel Stress Sie tatsächlich haben, und machen damit den ersten Schritt, um besser damit umgehen zu können.

Mein Mentaltipp!

Manchmal bewusst „NEIN" sagen ist der erste Schritt in ein stressfreieres Leben!

39 Lachen als Stresskiller

Lachen ist erwiesenermaßen einer der besten Stresskiller überhaupt. Lachen löst eine Reihe von biochemischen Prozessen aus, die den Körper und die Psyche positiv aktivieren. Je öfter und länger Sie lachen, desto intensiver sind diese Effekte. Besonders im Berufsleben können Sie dieses Phänomen nutzen. Machen Sie kurze Pausen, treffen Sie sich mit Kollegen und heitern Sie sich gegenseitig auf! Erzählen Sie sich Witze, kommentieren Sie das Tagesgeschehen heiter und ironisierend. Fröhliche Menschen kommen bei Arbeitskollegen und Vorgesetzten besser an als Mitarbeiter mit langen Gesichtern. Einzige Einschränkung: Es gibt natürlich Situationen, wo Scherze nicht angebracht sind.

Mein Mentaltipp!

Lernen Sie, auch über sich selbst zu lachen. Es zeigt, dass Sie selbstbewusst und mit sich im Reinen sind!

40 Nutzen Sie die beruhigende Wirkung der Natur

Die meisten von uns verbringen ihren Berufsalltag in geschlossenen Räumen und nicht in der freien Natur. Eine Bergtour, eine Wanderung oder auch nur der kurze Spaziergang im Park sind ein Ausgleich zum Berufsalltag. Genießen Sie bewusst die Facetten der Natur: Sie riechen den Wald, spüren den Nebel, sehen den Bach und hören die Vögel zwitschern. Solche Erlebnisse haben entspannende Wirkung. Speichern Sie diese Bilder und Eindrücke in Ihrem Unterbewusstsein ab. Falls Sie nämlich keine Zeit oder Gelegenheit für einen Spaziergang haben, können Sie auch gedanklich durch die Natur wandern. Schließen Sie dazu einfach die Augen und erleben Sie Ihren letzten Spaziergang gedanklich einfach noch einmal. Mit etwas Übung können Sie alle Sinneskanäle mit einbeziehen.

Mein Mentaltipp!

Der Kontakt zur Natur hilft Ihnen, Ihr Leben stressfrei zu gestalten. Die Natur kennt keinen Stress!

41 Kurzentspannung gegen Stress

Es muss nicht immer gleich ein Schläfchen sein, eine kurze Phase der Entspannung kann ebenfalls neue Energie bringen. Setzen Sie sich bequem in einen Stuhl und achten Sie darauf, dass beide Füße mit den Fußsohlen vollflächig den Boden berühren. Lehnen Sie sich zurück, lassen Sie den Kopf leicht nach vorne fallen und legen Sie die Hände in den Schoß. Versuchen Sie, eine möglichst entspannte Körperhaltung einzunehmen, und spüren Sie einfach, wo Sie noch lockerer werden können. Schließen Sie die Augen und denken Sie an – nichts. Lassen Sie sich nun ein paar Minuten einfach fallen. Vergessen Sie nicht, sich nach der Entspannungsphase wieder zu aktivieren. Wie? Ganz einfach: indem Sie sich etwas strecken und recken oder aufstehen und ein paar Schritte gehen. Diese Übung kann vielseitig, beispielsweise vor Prüfungen, Meetings, aber auch gegen Flugangst eingesetzt werden.

Mein Mentaltipp!

Nutzen Sie kurze Entspannungspausen gegen Stress, Ängste und Sorgen!

42 Ein Nein zu negativen Glaubenssätzen

Unsere inneren Glaubenssätze sind im Prinzip eine gute Sache. Manche davon, wie beispielsweise „Das hab' ich noch nie gemacht, das ist nicht mein Job, dafür bin ich gar nicht geeignet", sind allerdings negativ behaftet und wirken stressverstärkend. Versuchen Sie daher, Ihre negativen Glaubenssätze zu finden, und stellen Sie fest, in welchen Situationen diese auftreten. Machen Sie sich eine Liste und schreiben Sie auf, was Ihnen in bestimmten Situationen genau durch den Kopf geht. Nehmen Sie sich jeweils einen negativen Glaubenssatz vor und überlegen Sie, durch welchen positiven Text Sie ihn ersetzen können. Für „Das habe ich noch nie gemacht!" könnte der neue Text lauten: „Das ist zwar neu für mich, ist aber eine interessante Herausforderung." Dadurch ändert sich Ihre Grundeinstellung schlagartig von angst- und stressbesetzter Ablehnung in positiv gestimmte Neugier. Versuchen Sie's einfach!

Mein Mentaltipp!

Formulieren Sie für sich positive Glaubenssätze!

43 Unerledigtes beherrscht Ihre Gedanken

Es gibt zwei Möglichkeiten der Entscheidung, und Sie werden sich denken, klar, die richtige und die falsche. Dies ist aber im Zusammenhang und im Umgang mit Stress nicht so wichtig. Wir alle machen Fehler, auch eine falsche Entscheidung ist erlaubt. Viel wichtiger ist, ob Sie eine Entscheidung treffen oder nicht! Genauso verhält es sich mit den Aufgaben: erledigt oder nicht erledigt! Solange unerledigte Aufgaben oder nicht getroffene Entscheidungen Ihre Gedanken beherrschen, ist der Kopf nicht klar, um sich auf die nächste Herausforderung zu konzentrieren. Dies kann zu nervlicher Belastung, Frustration, Unmotiviertheit führen.

Mein Mentaltipp!

Treffen Sie Entscheidungen! Arbeiten Sie Ihr Pensum ab!

44 In einem gesunden Körper wohnt ein gesunder Geist

Sport ist erwiesenermaßen eines der besten Mittel gegen Stress. Denn in uns wirken immer noch unbewusste, aber umso kraftvollere Mechanismen, die sich in den Jahrtausenden unserer Evolution entwickelt, bewährt und gefestigt haben: Kommen wir in eine Stresssituation, baut sich ein hohes Energieniveau auf. Ursprünglich wurden in Kampfsituationen oder auf einer Flucht diese Stresshormone ausgeschüttet – es mussten ja alle körperlichen Reserven mobilisiert werden. In unserer heutigen Gesellschaft ist unmittelbare Bewegung während einer Stresssituation kaum mehr möglich. Denn Sie können einem Kunden oder Ihrem Chef, der Sie gerade unsanft behandelt, nicht einfach davonlaufen. Aber nach Feierabend, da können Sie. Sportarten wie Laufen, Radfahren, Langlaufen, Schwimmen oder auch Übungen in einem Fitnessstudio helfen Ihnen, Ihren negativen Stress abzubauen.

Mein Mentaltipp!

Nutzen Sie jede Gelegenheit, um sich körperlich zu bewegen!

SCHLAGFERTIGKEIT & REDEN VOR PUBLIKUM

45 Reden kann jeder, wenn er nur will

Das ist die gute Nachricht. Die schlechte Nachricht: Von nichts kommt nichts! Mit der Sprache ist es wie mit einem Muskel: Man kann sie trainieren. Selbst Naturtalente wie Günther Jauch, Thomas Gottschalk oder Harald Schmidt trainieren ihre Sprache. Nutzen Sie daher jede Möglichkeit, vor Publikum zu sprechen. Wenn Sie Scheu davor haben, üben Sie zuerst vor dem Spiegel. Auch schnell schlagfertig zu antworten, benötigt Übung. Suchen Sie sich Partner, greifen Sie sich gegenseitig verbal an und kontern Sie. Wenn Ihnen keine passenden Antworten einfallen, finden Sie auf www.schlagfertigkeit.com eine Fülle von Ideen.

Mein Mentaltipp!

Nutzen Sie jede Gelegenheit, um vor Publikum zu sprechen!

46 Das Lampenfieber fest im Griff

Selbst gute Redner kennen es: das Lampenfieber. Sie stehen vor Publikum, um einen Vortrag zu halten, alle Augen sind auf Sie gerichtet und schon ist es da. Sie beginnen vor Angst zu schwitzen, Sie denken: „Ich schaffe das nie", fangen an zu stottern, und zu allem Überfluss fällt Ihnen nichts mehr ein. Das sind die negativen Auswirkungen von starkem Lampenfieber. Ein gesundes Maß an Nervosität hilft aber auch alle Kräfte zu mobilisieren und den Referenten, also Sie, in einen hellwachen und hochkonzentrierten Zustand zu versetzen. Der wichtigste Schritt, das Lampenfieber in den Griff zu bekommen, ist die Vorbereitung auf den Auftritt. Üben Sie für sich und gehen Sie die Rede immer wieder gedanklich durch. Vermeiden Sie Stress und Zeitdruck und reisen Sie rechtzeitig an. Verwenden Sie Hilfsmittel wie beispielsweise Moderationskarten, die Ihnen Sicherheit geben und einen roten Faden liefern. Unmittelbar vor Ihrem Auftritt sprechen Sie sich gedanklich Mut zu, indem Sie sich z.B. sagen: „Ich habe euch etwas Geniales zu erzählen, ich habe euch ...!", atmen tief ein und bewusst aus. Sprechen Sie langsam und konzentrieren Sie sich auf das, was Sie gerade tun. Nämlich sprechen.

Mein Mentaltipp!

Nehmen Sie Ihren Auftritt nicht zu ernst! Versprecher und Fehler empfinden andere nie so schlimm wie Sie selbst.

47 Angriffe auf den wunden Punkt

Jeder Mensch hat einen wunden Punkt: Sie sind zu dick, Sie sind zu klein, stottern oder haben einen Makel Ihr Aussehen betreffend. Es gibt Menschen, denen macht ihr Aussehen nichts aus. Andere aber fühlen sich durch verbale Angriffe verletzt. Wenn Sie zur zweiten Gruppe gehören, machen Sie sich eine Liste und schreiben Sie Ihre wunden Punkte auf. Dann überlegen Sie sich schlagfertige Antworten. Nehmen Sie nun viele Varianten eines verbalen Angriffs auf Band auf und trainieren Sie damit verschiedene schlagfertige Antworten. Sie gewöhnen sich dadurch an die verbalen Angriffe und die Antworten kommen im „Ernstfall" wie aus der Pistole geschossen. Längerfristig die beste Strategie ist es aber, zu den vermeintlichen Fehlern zu stehen. Eine gute Antworttaktik ist Zustimmung. Indem Sie nicht widersprechen, nehmen Sie dem Angreifer den Wind aus den Segeln. „Sie sind aber dick!“ beantworten Sie am besten mit „Ja, das bin ich! Wie viel wiegen Sie?“.

Mein Mentaltipp!

Überlegen Sie sich für Ihre vermeintlich wunden Punkte schlagfertige Antworten!

48 Haben Sie Mut zur Frechheit

Schlagfertige Antworten sind selten höflich. Bei schlagfertigen Antworten geht es in erster Linie darum, Angriffe gegen Ihre Person abzuwehren. Sie riskieren dabei, dass Ihre Antworten nicht immer gut ankommen oder dass der Angreifer Ihre Taktik durchschaut und ebenfalls schlagfertig kontert. Schlagfertigkeit braucht Mut und Selbstbewusstsein! Verantwortlich dafür ist der Kopf, und dieser lässt sich bekanntlich auch trainieren. Viele von uns haben folgende Muster verinnerlicht: „Das kann ich aber nicht sagen!“ oder „Das ist aber frech!“ und getrauen sich daher nicht, schlagfertig zu sein. Dadurch fehlen die Übung und das damit verbundene Selbstvertrauen. Durchbrechen Sie diesen Kreislauf, indem Sie beginnen, schlagfertig zu kontern.

Mein Mentaltipp!

Arbeiten Sie an Ihrem Selbstvertrauen und an Ihrer Souveränität, und Sie werden schlagfertiger!

49 Positive Fragen auf Killerphrasen

Killerphrasen wie „Das geht sowieso nicht!“, „Das ist zu teuer!“ oder „Das kann man nicht verkaufen!“ sind nicht nur limitierend auf das Umfeld, sondern wirken sich auch direkt auf unser Unterbewusstsein aus: Wir suchen erst gar nicht mehr nach einer Lösung und akzeptieren die Aussage. Die einfachste Technik ist, diese negativen Aussagen mit einer Positivfrage zu kontern. „Dieses Produkt können wir nicht verkaufen!" beantworten Sie beispielsweise mit „Was müssen wir tun, damit wir das Produkt doch verkaufen können?". Das Wichtigste bei dieser Technik ist, dass die Aussage nicht für gottgegeben genommen wird und ein kreativer Prozess nach einer Lösung gefördert wird. Ihr Unterbewusstsein bleibt dadurch in der positiven Kreativitätszone.

Mein Mentaltipp!

Kontern Sie auf alle Killerphrasen mit einer positiven Frage!

50 Erzeugen Sie Bilder in den Köpfen des Publikums

„Unser Unternehmen leistet mit seinen naturnahen Produkten einen wesentlichen Beitrag zur Steigerung der Lebensqualität der Konsumenten!" steht zum Beispiel in einem Unternehmensleitbild einer Molkerei. Aussagen wie „Unser Produkt hat ein gutes Preis-Leistungs-Verhältnis!" hören Sie in vielen Wettbewerbspräsentationen. Aber welches Bild entsteht in Ihrem Kopf, wenn sie das hören? Ein vages Bild, Ihr Unterbewusstsein braucht Energie, um diese Wörter für sich zu übersetzen! Wenn Sie jedoch sagen: „Die Milch für unseren Käse kommt von den Kühen auf der grünen Almwiese", entstehen Bilder im Kopf. Sie sehen vor Ihrem geistigen Auge zumindest Milch, Käse und eine Kuh auf einer grünen Wiese. Sie sprechen nämlich in Bildern, die Ihr Unterbewusstsein einfach kennt. Verwenden Sie Wörter, die Ihr Geist versteht und Bilder in den Köpfen des Publikums erzeugen. Sie sind dann nicht nur in den Köpfen, sondern auch in deren Herzen.

Sie umgehen den Verstand und sind im Unterbewusstsein der Zuhörer. Wenn Sie das noch in Form einer Geschichte schaffen, werden Sie Ihr Publikum fesseln!

Mein Mentaltipp!

Verwenden Sie Wörter, die das Unterbewusstsein versteht und die Bilder erzeugen! Sprechen Sie in Bildern!

51 Das Gehirn liebt Konkretes, es braucht Zahlen

„Die Investition in unsere neue Software wird Ihnen eine Produktionssteigerung bringen!“ und ähnlich unkonkrete Aussagen streichen Sie sofort aus Ihrem Gedächtnis! Sie sind wirkungslos. Das Gehirn Ihrer Zuhörer ist skeptisch und glaubt solche Aussagen nicht. Wie auch bei der Zielsetzung braucht unser Gehirn Konkretes, es liebt Zahlen, Beispiele oder Vergleiche. Ersetzen Sie allgemeine Aussagen durch konkrete Beispiele und liefern Sie die passenden Zahlen! Gemeint ist mit diesen Ziffern aber nicht eine Statistik der letzten 100 Jahre gespickt mit Fachbegriffen, die ohnehin keiner versteht, sondern kurze und prägnante Aussagen wie: „Mit unserer neuen Software produzieren Sie pro Tag drei Motoren mehr.“ Das verstehen Ihre Zuhörer auch besser als: „Sie produzieren zehn Prozent mehr Motoren!“, denn sie haben ein Bild mit drei Motoren vor Augen. Und in einem Verkaufsgespräch rechnen Sie den Nutzen noch in Geld aus!

Mein Mentaltipp!

Machen Sie konkrete Aussagen und liefern Sie Zahlen und Beispiele!

52 Ich könnte mich ja blamieren

Selbstzweifel oder geringer Bewältigungsglaube sind die größten Hürden für den persönlichen Fortschritt. Sie kommen sich dumm vor, gewisse Dinge auszusprechen – jemanden zu loben, sich zu entschuldigen oder dem Partner zu sagen, dass Sie ihn lieben, offensichtliche Vorteile in einem Verkaufsgespräch anzusprechen. Nicht in den Mund genommen haben sie keine Wirkung. Wenn Ihnen Ihre innere Stimme das nächste Mal rät: „Sag es nicht, Du könntest Dich blamieren!" dann hören Sie nicht hin. Sagen Sie, was Sie sagen möchten, Sie tun sich und dem Gegenüber etwas Gutes. Sie werden sich am Anfang möglicherweise trotzdem sonderbar vorkommen, aber blamieren werden Sie sich sicher nicht. Und wenn doch mal etwas schiefläuft: Sie brauchen sich weder zu entschuldigen noch zu rechtfertigen. Stehen Sie einfach dazu.

Mein Mentaltipp!

Wenn Sie etwas sagen möchten, dann sagen Sie es auch!

53 Die Stimme ist der Spiegel der Persönlichkeit

„Sprich, damit ich sehe, wer du bist!", sagte schon Sokrates. Die Stimme ist ein Spiegel der Persönlichkeit und der aktuellen Stimmungslage eines Menschen. Zornige Personen haben eine zornige Stimme, aufgeregte Menschen haben eine aufgeregte Stimme. Ist das Sprechorgan ruhig und ausgeglichen, so ist auch das Seelenleben ruhig und ausgeglichen. Menschen mit dunkler Stimme vertrauen wir eher als Menschen mit einer hohen Stimme. Je tiefer sie ist, desto tiefer dringt die Stimme in unser Unterbewusstsein ein. Wenn Sie vor Publikum sprechen, achten Sie darauf, dass Sie langsam, ruhig und mit tiefer Stimme sprechen. Sehr hilfreich ist es auch, die eigene Stimme aufzunehmen, um selbst die Wahrnehmung und Wirkung zu hören – auch wenn dies am Anfang unangenehm ist. Sie können Ihre Stimme durch Sprachtraining beeinflussen und verändern. Wenn Sie Ihre Stimme verändern, verändern Sie auch damit deren Wirkung auf andere!

Mein Mentaltipp!

Arbeiten Sie an einer ruhigen und ausgeglichenen Stimme. Sie verändern dadurch auch Ihre Persönlichkeit!

54 Erzählen Sie Geschichten

Stellen Sie sich einen Vortrag vor, in dem der Redner langweilig Fakten herunterbetet, vielleicht sogar ähnlich wie der Vorredner. Wie spannend wird der Vortrag für Sie sein und was werden Sie davon mit nach Hause nehmen? Erzählen Sie Ihre Inhalte und Botschaften in Form von kleinen Geschichten! Interessante Storys kann sich unser Gehirn viel besser merken als nackte Fakten. Wir alle erinnern uns noch an die Märchen, die uns unsere Eltern als Kind erzählt bzw. vorgelesen haben, und das oft Jahrzehnte später. Geschichten eignen sich, um in die Köpfe und Herzen der Zuhörer zu gelangen. Geschichten unterhalten und stimulieren uns und bringen uns zum Staunen. Sie erzeugen Gefühle und wirken direkt auf unser Unterbewusstsein. Klar ist auch: Eine wahre, selbst erlebte Geschichte erzielt mehr Wirkung als eine erfundene.

Mein Mentaltipp!

Verpacken Sie Ihre Vortragsinhalte in interessante Geschichten!

55 Überzeugen durch Gefühlsargumente

Die Werbeprofis zeigen uns, wie diese Technik funktioniert. Gut gemachte Werbung umgeht den Verstand und spricht direkt mit dem Unterbewusstsein. Wir unterscheiden Argumente, die positive Gefühle erzeugen, und Argumente, die negative Gefühle hervorrufen. Beide Varianten können zum Ziel führen. Die am häufigsten angesprochenen Gefühle sind Freude, Sicherheit, Angst, Erwartung, Ärger und Trauer. Für Reden und Vorträge sollten Sie Argumente verwenden, die positive Gefühle erzeugen. Sprechen Sie mit Geschichten und Beispielen die Gefühle der Zuhörer an. Je besser Ihnen dies gelingt, umso erfolgreicher werden Sie überzeugen können. Schauspieler und Musiker verdienen Millionen damit.

Mein Mentaltipp!

Sprechen Sie mit Ihren Worten die Gefühle der Zuhörer an!

SPORT & BEWEGUNG

56 Haben Sie Spaß beim Sport

Nur für sehr wenige Sportler ist die körperliche Betätigung Arbeit. Für den Rest ist Sport eine Beschäftigung, um sich fit zu halten, von der Arbeit Abstand zu gewinnen und einfach Freude zu verspüren. Sport hilft, Stress und Spannung abzubauen. Es besteht aber die Gefahr, dass Sport die spielerische Komponente verliert und zu einer ernsthaften Tätigkeit wie die Arbeit wird. Schuld darin ist oft der Leistungsgedanke, besser als die Kollegen sein oder für den nächsten Wettkampf fit sein zu müssen. Um dies zu vermeiden, achten Sie bewusst darauf, dass Sie Spaß am Tun haben. Wünschen Sie sich beim Beginn Ihres Trainings gedanklich „Viel Spaß!". Genießen Sie das Training und messen Sie sich nicht ständig mit anderen. Wenn wir uns vor Augen halten, dass Sport Spaß machen soll, dann werden wir auch mehr Spaß haben.

Mein Mentaltipp!

Wünschen Sie sich vor jedem Training gedanklich „Viel Spaß!".

57 Rufen Sie Ihr sportliches Potential optimal ab

Was sportlicher Erfolg für Sie bedeutet, müssen Sie selbst definieren. Und genau hier legen Sie den Grundstein für Ihren Erfolg. Die optimale Leistung werden Sie nämlich nur dann erbringen, wenn die Herausforderung und Ihr Können im richtigen Verhältnis stehen. Ihre sportlichen Ziele dürfen Sie schon fordern, sollten aber erreichbar sein. Wenn nämlich die Herausforderung Ihr Können deutlich übersteigt, erzeugt das Druck. Motivation und der Bewältigungsglaube werden sinken. Sie sind nicht mehr optimal leistungsfähig. Wenn Sie gefordert sind, sind Sie konzentriert, energiegeladen und voller Tatendrang. Wenn Sie überfordert sind, blockiert, gestresst und es steht Ihnen nicht mehr das gesamte Leistungspotential zur Verfügung. Eine gute Vorbereitung ist natürlich Grundvoraussetzung für sportlichen Erfolg. Machen Sie sich nicht unnötigen Druck, sehen Sie den nächsten Wettkampf einfach als Spiel und geben Sie Ihr Bestes! Sie müssen niemandem etwas beweisen.

Mein Mentaltipp!

Setzen Sie sich realistische Ziele, bereiten Sie sich gut vor und geben Sie Ihr Bestes!

58 Trainieren Sie Ihren Körper, es stärkt auch Ihren Geist

Fitness ist die Fähigkeit, Energie aufzuwenden. Je fitter Sie sind, umso mehr Energie können Sie aufwenden. Dies bedeutet aber auch, dass Sie mehr Energie für mentale und emotionale Anstrengungen zur Verfügung haben. Mit zunehmender Kraft und Ausdauer steigen auch Ihr Selbstwertgefühl und der Glaube an sich selbst. Sie wissen, dass Sie beispielsweise den Marathon schaffen, und weigern sich, aufzugeben. Legen Sie bei Ihrem Fitnesstraining besonderen Wert auf Kraft und Ausdauer. Diese Übungen haben größeren Einfluss auf Ihre mentale Energie als rein „technische" Sportarten. Wir können also dem Satz eines griechischen Philosophen, „Es ist der Geist, der den Körper formt!", hinzufügen: „Und der Körper formt den Geist!"

Mein Mentaltipp!

Trainieren Sie Kraft und Ausdauer, Sie haben dadurch auch mehr mentale Energie zur Verfügung!

59 Formulieren Sie Ihr persönliches sportliches Ziel

Jeder erfolgreiche Spitzensportler hat ein klares Ziel, trainiert konsequent darauf hin und probiert nicht einfach nur herum. Ein klares Ziel gibt den Weg vor, es schafft Motivation und hilft, ständig am Ball zu bleiben. Sie werden jetzt vielleicht sagen: „Ich möchte mich nur bewegen, ich brauche kein Ziel!" Dann nennen Sie es vorerst nicht „Ziel", sondern einfach „Sinn" und fragen Sie sich, warum Sie sich bewegen möchten. Die Antwort auf diese Frage liefert Ihnen den Sinn, das Motiv und auch die Motivation für Ihre sportliche Betätigung. Formulieren Sie daraus ein sportliches Ziel, und wenn es nur „gesund, schlank und fit bleiben!" lautet. Denn wenn Sie ein klares Ziel vor Augen haben, arbeiten Sie auch daran, gesund, schlank und fit zu bleiben. Der Weg ist das Ziel. Aber dann ist das Ziel das Ziel!

Mein Mentaltipp!

Schreiben Sie Ihr sportliches Ziel für das gesamte nächste Jahr jede Woche in Ihren Zeitplaner!

60 Wer ans Aufgeben denkt, wird aufgeben

Wer ans Durchkommen denkt, wird seine Übungen zu Ende bringen. Dies gilt nicht nur für den Wettkampf. Wenn Sie beispielsweise während einer Trainingseinheit ständig daran denken, dass Sie aufhören möchten, dann wird es wahrscheinlich auch so passieren. Viel schlimmer als die Tatsache des Aufgebens ist es aber, dass sich Ihr Unterbewusstsein daran gewöhnt. Die Hemmschwelle sinkt immer weiter. Gleiches gilt für Ihre persönlichen Vorgaben: Wenn Sie sich vorgenommen haben, eine Stunde zu trainieren, dann trainieren

Sie auch eine Stunde und nicht 58 Minuten. Ihrem Körper ist es egal, aber Ihrem Unterbewusstsein nicht. Es gewöhnt sich daran, kurz vor dem Ziel aufzuhören!

Mein Mentaltipp!

Bringen Sie auch zu Ende, was Sie sich vorgenommen haben!

61 Entspannungstraining ist mehr als nur Entspannung

Für Menschen, die ständig unter Strom stehen, immer aktiv, hektisch und gestresst sind, kann Entspannungstraining ein Schritt zu mehr Lebensqualität sein. Im Sport wirken sich Entspannungsübungen positiv auf Leistung und Leistungsentwicklung aus. Es ist aber mehr als nur Regeneration. Im entspannten Zustand ist unser Unterbewusstsein besonders aufnahmefähig und das morgens kurz nach dem Aufwachen und abends kurz vor dem Einschlafen. Visualisierungsübungen, beispielsweise Bilder von sportlichen Zielen, oder Autosuggestionsübungen sind in diesem Zustand besonders effektiv. Im entspannten Zustand können wir auch keine Angst empfinden. Besonders vor Wettkämpfen helfen solche Übungen, z.B. den dringend benötigten Schlaf zu finden. Die Palette der Entspannungsübungen ist groß und reicht von Atem- über Muskellockerungsübungen bis hin zum Biofeedbackverfahren.

Mein Mentaltipp!

Finden Sie die passenden Entspannungsübungen für sich und üben, üben und üben Sie!

62 Nur wer regeneriert, steigert seine Leistung

Training verbraucht nicht nur physische Energie, sondern auch psychische. Wenn Sie nicht auf ausreichende Regeneration achten, kann dies über längere Zeit zu Übertraining und Leistungsstagnation führen. Übertraining finden Sie viel häufiger als angenommen auch im Breitensport, da zur Trainingsbelastung auch noch die Belastung aus Beruf und Alltag kommt. Achten Sie daher ausreichend auf Pausen. Pause heißt auch Pause, nicht „nur ein bisschen trainieren". Pause, nochmals, heißt Pause!

Mein Mentaltipp!

Finden Sie für sich das richtige Verhältnis zwischen Belastung und Entlastung!

63 Dauerhaft bei der Sache bleiben

Sich in einem Fitnessstudio einzuschreiben und mit dem Training zu beginnen ist für viele nicht schwer. Damit Sie aber nach ein oder zwei Monaten nicht vom Sportler zum Beitragszahler werden, ist Folgendes hilfreich:

- Finden Sie „Ihre" Sportart und nicht die der „anderen": Es muss Ihnen Freude bereiten, nicht anderen!
- Suchen Sie sich eine Sportstätte in Ihrer Nähe, um lange Anfahrtszeiten zu vermeiden!
- Machen Sie sich mit Freunden Termine aus, um gemeinsam Sport zu betreiben!
- Bringen Sie Abwechslung in Ihr Training!

- Beginnen Sie in kleinen Schritten und überfordern Sie sich nicht. Achten Sie auf die richtige Dosis!
- Dokumentieren Sie Ihr Training und belohnen Sie sich für Ihre Erfolge!
- Berücksichtigen Sie sportliche Aktivitäten in Ihrer Zeitplanung!

Dauerhafte Motivation kann nur dort entstehen, wo auch Interesse besteht. Wenn Sie eine Sportart nicht wirklich interessiert und Sie es nicht gerne machen, werden Sie auf lange Sicht keine Motivation und keine Freude empfinden.

Mein Mentaltipp!

Finden Sie eine Sportart, die Ihnen Freude bereitet!

64 Nehmen Sie Anleihe bei einem Vorbild

Sie wünschen sich in Zusammenhang mit Ihrer sportlichen Betätigung eine Fähigkeit, die Sie nicht oder noch nicht haben. Suchen Sie sich ein Vorbild, das diese Talente hat. Beobachten Sie Ihr Vorbild ganz genau, was es macht, wie es sich bewegt, welche Technik es anwendet und wie es in allen Einzelheiten vorgeht. Stellen Sie sich dies gedanklich vor und tauschen Sie Ihr Vorbild gegen die eigene Person aus. Sie sehen nun vor Ihrem geistigen Auge, wie Sie diese Fähigkeit annehmen und ausführen. Im dritten Schritt erleben Sie sich selbst, wie Sie diese Fähigkeiten haben und genauso anwenden können wie Ihr Vorbild.

Mein Mentaltipp!

Was Sie sich vorstellen können, können Sie auch tun!

65 Zeichnen Sie Ihre sportlichen Aktivitäten auf

Der Sportler führt ein Trainingstagebuch, um seine sportlichen Leistungen zu dokumentieren. Dies ist notwendig, um einen Überblick auf geforderte Umfänge zu behalten, um Regenerationsphasen und Pausen planen zu können. Was für den Athleten gut ist, kann für Sie nicht schlecht sein! Halten Sie jede sportliche Bewegung in Ihrem Terminkalender fest. So sehen sie auf einen Blick, was Sie diese Woche Ihrem Körper schon Gutes getan haben, und er macht Ihnen deutlich, wenn Sie noch gar nichts getan haben.

Mein Mentaltipp!

Führen Sie ein Trainingstagebuch, um Ihren Trainingsfortschritt zu dokumentieren.

66 Hören Sie auf Ihr Körpergefühl

Die moderne Sportwissenschaft, viele Trainer und so mancher Uhrenhersteller sagen Ihnen: „Achten Sie auf Ihren Puls!“ oder „Fahren Sie diese Leistung“. Puls- oder leistungsgesteuertes Training sind prinzipiell nicht schlecht, sie haben aber auch einen Nachteil: Wir trainieren dann nämlich nach Parametern, die uns ein Gerät sagt, und nicht nach dem, was uns unser Körper sagt. Wer sich sportlich betätigt, sollte seinen Leistungs- und Gesundheitszustand stets im Blick haben und auf die Reaktionen seines Körpers achten. Dieses Gefühl ist ein sehr guter Gradmesser für anklingende oder bestehende Infekte, für ein Defizit im Flüssigkeitshaushalt und für seelische Belastungen.

Mein Mentaltipp!

Wenn Ihr Körpergefühl etwas anderes sagt als Ihr Pulsmesser, dann schenken Sie diesem Gefühl unbedingt Beachtung.

AKTIVIERUNG STATT
TRÄGHEIT

67 Machen Sie sich den inneren Schweinehund zum Freund

Ich höre sehr oft Aussagen wie: „Bekämpfe den inneren Schweinehund!" oder „Der innere Schweinehund ist mein größter Feind". Er sollte aber ganz im Gegenteil ihr Freund und Verbündeter sein – und wenn Sie keinen inneren Schweinehund besitzen, dann legen Sie sich schleunigst einen zu! Er hat nämlich eine gewisse Schutzfunktion und bewahrt Sie vor Überlastung und Überforderung. Lassen Sie daher Ihren inneren Schweinehund auch manchmal gewinnen! Das heißt aber nun nicht, dass wir ihn ständig gewähren lassen sollten. Bei Ihnen wichtigen Dingen setzen Sie sich durch. Wie auch Sie das machen und wie Sie den inneren Schweinehund manchmal überlisten, lesen Sie in Tipp 70 bis Tipp 77.

Mein Mentaltipp!

Bekämpfen Sie Ihren inneren Schweinehund nicht ständig, er hat auch eine Schutzfunktion!

68 Bewegung für mehr Wohlbefinden

Auch wenn der ehemalige britische Premierminister Sir Winston Churchill zu Journalisten einmal meinte, „No sports!" sei das Geheimnis seiner Gesundheit, dann ist das lange nicht mehr zeitgemäß. Denn nicht nur eine, sondern eine ganze Reihe von Studien hat sich damit beschäftigt, wie sportliche Aktivitäten sich auf die Stimmung auswirken. Das Resultat war überwältigend. Bei mehr als 75 Prozent aller Sporttreibenden traten positive Effekte auf. Ärger, Frust oder schlechte Laune wurden aufgrund körperlicher Betätigungen abgeschwächt. Das Energiepotential, aber auch Faktoren wie

Ruhe und Gelassenheit wurden gestärkt. Je mehr Ihnen die gewählte Sportart Freude bereitet, desto stärker und nachhaltiger sind diese Effekte. Und Sport einmal ganz anders: Benutzen Sie statt der Rolltreppe oder dem Lift die Stiege und erledigen Sie möglichst viele Wege zu Fuß!

Mein Mentaltipp!

Treiben Sie mindestens zwei bis drei Mal pro Woche Sport!

69 Atem bedeutet Leben

Die Bibel sagt: Gott hauchte dem Menschen den Lebensatem ein und erweckte das neu geschaffene Wesen damit zum Leben. Atem ist Leben! Im Sport ist der direkte Zusammenhang zwischen Leistung und Atmung direkt zu beobachten. Hier zwei Atemtechniken, um Ihr Energiepotential zu heben:

- Stellen Sie sich aufrecht hin, die Beine etwa schulterbreit geöffnet. Atmen Sie nun einige Male hintereinander ein und aus. Achten Sie darauf, dass Sie dabei möglichst tief in den Bauch atmen! Und während Sie diese Atemübung durchführen, trommeln Sie sanft mit den Fäusten auf ihre Brust. Mehr braucht es nicht, um sich frisch und aktiv zu fühlen!
- Beginnen Sie zunächst mit einem langsamen, völlig relaxten Atemrhythmus. Konzentrieren Sie sich dabei beim Einatmen auf die Vorstellung, wie Sie mit jedem Luftzug Energie, Freude, Ausdauer oder einen anderen von Ihnen gewünschten Zustand aufnehmen. Beim Ausatmen lenken Sie Ihren Fokus auf die Vorstellung, negative Zustände – Müdigkeit, Trägheit oder das, was Sie von Ihrem optimalen Leistungszustand abhält – loszuwerden.

Wiederholen Sie diese Übung zwei bis drei Minuten und denken Sie an das, was Sie stärkt.

Es gibt eine Vielzahl weiterer Atemtechniken, die Sie in der Literatur nachlesen und probieren können!

Mein Mentaltipp!

Atmen Sie tief durch und tanken Sie beim Einatmen Energie und atmen Sie Trägheit aus!

70 Starttrick: Fangen Sie mit den ungeliebten Tätigkeiten an

Der innere Schweinehund sagt Ihnen wieder einmal: „Das hat noch Zeit!", oder: „Das kannst du auch morgen erledigen!" Schließen Sie einen Kompromiss: Beginnen Sie ganz einfach mit der für Sie ungeliebten Tätigkeit und bleiben Sie einige Zeit auch bei dieser, sagen wir für fünf bis zehn Minuten. Halten Sie dann kurz inne und überlegen Sie: Wollen Sie aufhören oder doch lieber weitermachen? In den meisten Fällen werden Sie die Aufgabe auch zu Ende bringen. Es geht zumeist nur darum, den ersten Anfangswiderstand zu überwinden. Seien Sie sich bewusst, dass nicht alles, was Sie tun „müssen", immer Spaß macht.

Mein Mentaltipp!

Beginnen Sie mit der ungeliebten Tätigkeit und entscheiden Sie über die Fortführung erst nach fünf bis zehn Minuten!

71 Morgenstund' hat Gold im Mund

Das Sprichwort besagt, dass wir am Morgen leistungsfähiger sind. Frühaufsteher erreichen mehr. Dieser Umstand hilft uns aber auch bei ungeliebten Tätigkeiten. Sie erledigen nämlich die ungeliebten Arbeiten gleich zu Tagesbeginn. Nicht nur, dass Sie mehr Energie haben: Was erledigt ist, ist erledigt. Im Laufe des Tages finden sich indes viele Argumente, um eine Sache wieder zu verschieben. Es kommt entweder ein Termin dazwischen oder der Chef braucht noch was von Ihnen. Je länger Sie warten, desto mehr Argumente (also Ausreden) werden Sie finden.

Mein Mentaltipp!

Erledigen Sie ungeliebte Arbeiten bereits am Morgen!

72 Heben Sie Ihr Energieniveau

Ihr Wohlbefinden steht im direkten Zusammenhang mit Ihrem Energieniveau. Eine Steigerung Ihrer Stimmung ist hauptsächlich durch eine Steigerung des Energiestoffwechsels, also über Ihren Körper möglich. Bestimmte Tätigkeiten wie Kraft-, Ausdauer-, Beweglichkeits- und Koordinationstraining regen Ihren Energiestoffwechsel an. Atemtechniken, die für mehr Sauerstoff im Körper sorgen, unterstützen diesen Prozess. Entdecken Sie Ihre Lust auf Bewegung! Mit mehr Bewegung beginnt ein positiver Aufbauprozess für Körper und Stoffwechsel. Es erwachen Vitalität und Lebensfreude, der Mentalzustand verbessert sich, Sie haben mehr Energie zur Verfügung und die Spirale beginnt sich in die positive Richtung, nach oben, zu drehen.

Mein Mentaltipp!

Sie steigern durch Bewegung Ihr Energieniveau und werden dadurch ausgeglichener, belastbarer und bauen Stress ab!

73 Die richtige Musik gibt Kraft und Energie

Sie hören einen Ihrer Lieblingssongs oder die Musik Ihres letzten Urlaubes im Radio – und plötzlich hebt sich Ihre Stimmung. Sie wippen mit dem Fuß im Takt und beginnen vielleicht sogar mitzusingen. Musik hat direkten Einfluss auf die Stimmung, sowohl in die positive, als auch in die negative Richtung. Wenn Sie gerade Liebeskummer haben und ein absolut melancholisches Lied hören, werden Sie noch mehr emotional leiden und sich zurückziehen. Um Energie und gute Laune zu tanken, sollten rasche, kraftvolle Rhythmen gehört werden. Rhythmen, die Sie förmlich dazu auffordern, körperlich mitzumachen, mitzuwippen und mitzusingen.

Mein Mentaltipp!

Wenn Sie Ihre Stimmung heben möchten, hören Sie Musik, die Ihnen Energie gibt!

74 Was haben Geschenke mit Energie zu tun?

Es gibt Menschen, die auf Lob mit „Dafür werde ich bezahlt" und auf Geschenke mit „Das kann ich nicht annehmen!" reagieren. Und sowohl der Nehmende wie Gebende leiden unter diesen Sätzen. Der Schenkende fühlt sich zurückgewiesen, der Beschenkte verschließt sich der positiven Energie der Gabe und wird, wenn er dies dauerhaft tut, nicht gerade beliebt sein. Bevor Sie das nächste Mal wieder reflexartig ablehnen, nehmen Sie einfach an und sagen Sie Danke, auch wenn es Ihnen am Anfang schwerfallen sollte. Sie werden beobachten, dass nicht nur Sie glücklicher sind, sondern sich auch der Gebende freut, wenn sein Geschenk angenommen wird. Wie heißt das Sprichwort: Geteilte Freude ist doppelte Freude.

Mein Mentaltipp!

Nehmen Sie Geschenke und Lob ohne schlechtes Gewissen an und freuen Sie sich darüber!

75 Halten Sie sich fern von Energievampiren

Energievampire lauern überall und haben nur ein bewusstes oder unbewusstes Ziel: Ihnen Ihre Energie zu rauben. Das tun Sie auf unterschiedliche Art und Weise: Der Energievampir braucht für jedes noch so kleine Missgeschick einen Schuldigen, er bestätigt Ihnen, dass Sie es sowieso nie schaffen, er versucht alle zu überzeugen, dass die Welt so schlecht ist, und so weiter und so fort. Das effektivste Mittel gegen Energievampire ist ganz einfach: Lassen Sie sich nicht die Spielregeln aufzwingen – noch besser: Halten Sie überhaupt Abstand zu diesen Menschen. Nehmen Sie das Verhalten nicht persönlich und bleiben Sie selbstbewusst, denn nur selten hat es etwas mit Ihnen persönlich zu tun. Gegen einen Vampir gibt es ja bekanntlich Knoblauch. Für den Energievampir ist freundliches Lächeln und eine positive Lebenseinstellung absolutes Gift.

Mein Mentaltipp!

Eine positive Einstellung und ein kreatives Umfeld halten Energievampire fern!

76 Sie entscheiden über Ihre Stimmung

Manche Arbeiten können Sie sich nicht aussuchen. Es gibt so viele ungeliebte Tätigkeiten, die zu erledigen sind. Wer bricht schon beim Gedanken an Rasenmähen, Bügeln, Aufräumarbeiten im Büro oder im Keller in Euphorie aus? Auch wenn Sie es sich nicht aussuchen können, haben Sie aber immer die Wahl, mit welcher Stimmung Sie diesen Job erledigen. Es liegt ganz bei Ihnen, ob Sie mit schlechter oder guter Laune ans Werk gehen. Die Entscheidung können Sie selbst treffen. Starten Sie diese oft ungeliebten Arbeiten mit einer bewusst positiven Stimmung und Einstellung! Sie werden nicht nur mehr Freude erleben, gute Laune kann ansteckend sein.

Mein Mentaltipp!

Wählen Sie bewusst eine positive Stimmung und es fällt Ihnen leichter!

77 Machen Sie sich wach, Tarzan tut's auch

Klopfen auf die Thymusdrüse aktiviert. Eine Stimulation dieser Drüse wirkt sich positiv auf das Immunsystem aus, hebt Ihre Energie, befreit von Stress, verbessert die Stimmung und tut so richtig gut. Diese Drüse liegt hinter dem oberen Teil des Brustbeins. Klopfen Sie rund 30 Sekunden auf die Mitte des Brustbeins und stimulieren Sie so Ihre Thymusdrüse! Besonders hilfreich ist diese Aktivierung vor langen und intensiven Besprechungen, vor großen Auftritten und wichtigen Gesprächen. Es werden Botenstoffe ausgeschüttet, die Ihren Körper stärken und Mut machen. Tarzan zeigt, wie es funktioniert.

Mein Mentaltipp!

Wenn Sie Stress abbauen möchten, müde sind oder Sie sich einfach was Gutes tun möchten, dann klopfen Sie für 30 Sekunden auf die Mitte des Brustbeins!

MEHR
ÜBERLEBENSCHANCEN
FÜR IHRE VORSÄTZE

78 Finden Sie die richtige Dosis

Die meisten Ziele erreichen wir nicht sofort. Viele Ziele sind sogar nur dann realistisch erreichbar, wenn wir ihnen auch genug Zeit geben. Wir überfordern uns sehr oft, indem wir uns zu kurze Fristen setzen. Wichtig ist es, die richtige Dosis zu finden. Es ist angebracht, am Anfang etwas weniger zu tun, dies aber kontinuierlich und konsequent: Steigern Sie Ihre Dosis langsam. Wenn Sie z.B. nie Sport betreiben und mit einem 10-km-Lauf beginnen, wird es Ihnen keinen Spaß machen. Das Ergebnis wird ein schmerzhafter Muskelkater sein. Also beginnen Sie mit schnellem Gehen und steigern Sie die Dosis kontinuierlich. Plötzlich stellt sich so etwas wie Spaß und Freude am Tun ein. Was immer Sie sich vornehmen, denken Sie daran: Rom wurde auch nicht an einem einzigen Tag erbaut!

Mein Mentaltipp!

Fangen Sie klein an und steigern Sie nach und nach die Dosis!

79 Definieren Sie das „Wann" und das „Wieviel"

„Ich möchte einmal ein paar Kilo abnehmen!" oder „Ich könnte ja vielleicht einmal etwas Sport treiben" sind doch gute Vorsätze!? Als Vorhaben sicherlich, aber die Formulierung ist ziemlich unkonkret. Unser Gehirn liebt hingegen Konkretes, es liebt Zahlen. Definieren Sie das Datum, wann Sie Ihr Vorhaben realisiert haben möchten und wie viel es sein soll. Schreiben Sie diese Zahlen in Ihren Terminplaner und aktualisieren Sie sie am besten wöchentlich. Sie haben dadurch fortwährend Kontakt mit Ihrem Vorhaben. Das Unterbewusstsein nimmt diese Daten auf und wird für Sie arbeiten.

Mein Mentaltipp!

Schreiben Sie das „Wann“ und das „Wieviel“ wöchentlich in Ihren Terminkalender!

80 Starten Sie mit Ihrem Vorhaben sofort

„Nächste Woche beginne ich zu laufen!“ „Irgendwann möchte ich fünf Kilogramm abnehmen.“ Ich kann Ihnen sagen: Solche Vorsätze werden nicht funktionieren. Es gibt nie den richtigen Zeitpunkt – außer hier und jetzt. Beginnen Sie mit Ihrem Vorhaben sofort und nicht morgen oder nächste Woche. Natürlich ist mir klar, dass Sie nicht jedes Ziel tatsächlich sofort in Angriff nehmen können. Sie können das aber gedanklich tun. Noch besser: Sie schreiben es sofort auf. Das schafft mehr Verbindlichkeit als ein Zeitpunkt in der Zukunft.

Mein Mentaltipp!

Starten Sie mit Ihrem Vorhaben im Hier und Jetzt! Zumindest gedanklich!

81 Suchen Sie sich Motivationspartner

Beim Realisieren Ihrer Vorsätze wird es nicht immer steil nach oben gehen. Es werden auch Hürden und Hindernisse auftreten. In diesen Phasen helfen Ihnen Motivationspartner, um die Durchhänger zu überbrücken. Ein „Du schaffst es!“ oder

„Wir glauben an Dich!“ hilft Ihnen, diese Tiefpunkte zu überwinden. Teilen Sie Ihrem persönlichen Umfeld mit, was Sie sich vorgenommen haben, und bitten Sie um Unterstützung in schwierigen Phasen. Suchen Sie sich Partner, die Ihren Erfolg wollen und die Sie unterstützen. Die Überlebenschancen Ihrer Vorsätze werden sich erhöhen.

Mein Mentaltipp!

Bitten Sie Ihre Freunde und Partner, Sie bei Ihrem Vorsatz zu unterstützen!

82 Machen Sie sich ein Bild von Ihrem Vorhaben

Unser Ziel ist, unsere Gedanken in reales Verhalten umgesetzt zu sehen. Je intensiver und leidenschaftlicher unsere Gedanken sind, umso einfacher wird es für Sie sein, sie Realität werden zu lassen. Nutzen Sie diesen Umstand für Ihre Vorsätze: Stellen Sie sich bildlich vor, wie es aussieht, wenn Sie das erreicht haben, was Sie sich vorgenommen haben. Malen Sie sich dies in Ihren Gedanken in allen Facetten aus. Die Fachsprache spricht in diesem Fall von der Visualisierung. Wenn Sie es auch noch schaffen, diese Bilder mit einem positiven Gefühl zu verknüpfen, werden Sie Ihre Vorsätze eher erreichen, als wenn Sie absolut kein Bild von Ihren Vorstellungen haben und Sie es einfach nur versuchen. Drehen Sie Ihren inneren Film von dem, was Sie schaffen wollen!

Mein Mentaltipp!

Stellen Sie sich bildlich vor, was Sie erreichen möchten und erleben Sie gedanklich das Erreichen Ihres Vorhabens.

83 Beschäftigen Sie sich mit dem Ergebnis

Viele Ihrer Vorsätze werden Ihnen einiges abverlangen und Sie herausfordern. Sie beschäftigen sich aber zumeist nur mit den Mühen und der harten Arbeit auf dem Weg dorthin. Das ist in den wenigsten Fällen motivierend. Wenn Sie beispielsweise eine Diät machen und Sie sich andauernd mit dem beschäftigen, was Sie in dieser Zeit nicht essen dürfen, immer daran denken, dass Sie ständig Hunger haben und Sie sich auch noch in der frischen Luft bewegen müssen, dann löst das keine innere Motivation aus. Beschäftigen Sie sich hingegen mit dem Ziel. Machen Sie sich ein Bild vom Ergebnis: Ich bin schlanker, beweglicher, vitaler und sehe attraktiver aus. Machen Sie sich in Ihrem Kopf ein Bild vom Endergebnis. Es wird deutlich motivierender sein als die „harte Arbeit und die Entbehrungen", also der Weg dorthin.

Mein Mentaltipp!

Beschäftigen Sie sich mit dem Ergebnis und nicht ständig mit der harten Arbeit!

84 Jeder Vorsatz hat seinen Preis

Wir alle kennen das Sprichwort „Alles im Leben hat seinen Preis!". Ich meine damit aber nicht nur Geld, sondern auch die Zeit, viele Entbehrungen, den persönlichen Einsatz als „Preis". Stellen Sie sich im Vorfeld Fragen wie: Was muss ich an Zeit investieren? Welchen Aufwand bedeutet mein Vorhaben? Welche Auswirkungen hat es auf das private und berufliche Umfeld? Leiden vielleicht Freunde, Familie, Partner, Beruf oder die Gesundheit darunter? Und dann fragen Sie sich: Ist mir das die ganze Sache auch wert? Wenn Sie diese Frage mit

„Ja" beantworten können, beginnen Sie mit der Umsetzung und ziehen Sie Ihre Unternehmung auch tatsächlich bis zum Ende durch. Vermeiden Sie, erst bei Halbzeit zu realisieren, dass Ihnen Ihr Anliegen eigentlich nicht so viel wert ist – es wären dann auch Ihre Mühen vergebens gewesen.

Mein Mentaltipp!

Machen Sie sich im Vorfeld bewusst, was Sie für Ihr Vorhaben aufwenden müssen!

85 Attraktive Vorsätze haben höhere Erfolgsaussichten

Gleichgültig, welchen Vorsatz Sie haben oder welches Ziel Sie erreichen wollen: Im Vorfeld sollten Sie einige grundlegende Vorbereitungen treffen. Beschreiben Sie zunächst auf einem Blatt Papier mit einem knappen, aber präzise und konkret formulierten Satz Ihr Ziel. Bereits jetzt muss Ihnen Ihr Ziel den richtigen „Kick" vermitteln, also Kraft, Ausstrahlung und Charakter besitzen. Benutzen Sie daher stets die Gegenwartsform und setzen Sie sich unbedingt einen Termin, zu dem Sie Ihr Vorhaben realisiert haben möchten. Denn schließlich wollen Sie ja nicht am Sankt Nimmerleinstag erfolgreich sein. Schaffen Sie Verbindlichkeit, beispielsweise mit dem Satz: „Ich beende den Marathon in Berlin am 29.9.2009 in 3 h 30 min". Ihr Unterbewusstsein wird sich auf das einstellen.

Mein Mentaltipp!

Meißeln Sie Ihre attraktiven Ziele in Stein und freuen Sie sich auf die Realisierung!

86 Entscheidend ist das, was Sie tun

Ich möchte fünf Kilogramm abnehmen, mit dem Rauchen aufhören und das Doppelte verdienen – und das noch in diesem Monat. Das sind Vorsätze, wobei jeder Vorsatz für sich eine Herausforderung darstellt. Die Wahrscheinlichkeit, dass Sie diese realisieren, ist sehr gering. Weniger ist oft mehr: Welcher Vorsatz ist der Wichtigste für Sie? Genau mit diesem beginnen Sie. Setzen Sie diesen Vorsatz auch in die Tat um! Entscheidend ist nämlich nicht, was Sie sich vornehmen, sondern nur, was Sie tun und auch tatsächlich schaffen. Zwischen dem Denken und dem Tun ist ein Unterschied wie zwischen Tag und Nacht, wie zwischen arm und reich, ...

Mein Mentaltipp!

Nehmen Sie sich weniger vor und setzen Sie dies dafür auch tatsächlich in die Tat um!

87 Gemeinsam geht alles leichter

Suchen Sie sich mindestens zwei Personen, die ähnliche Vorsätze haben wie Sie. Drei Gleichgesinnte haben gute Chancen, zum Ziel zu kommen. Bei nur einem Partner besteht die Gefahr, dass der eine den anderen mit Unlust „ansteckt". Falls Sie in Ihrem Freundeskreis niemanden finden, mit dem Sie ein gemeinsames Ziel verbindet, können auch völlig Fremde Ihre Partner sein. In Fragen des Sports finden Sie Anschluss in Sportvereinen, Fitnessstudios und Sporttreffs. Scheuen Sie sich auch nicht, die nette Nachbarin, Ihren Kollegen oder andere Menschen in Ihrem engeren Lebens-umfeld anzusprechen.

Mein Mentaltipp!

Suchen Sie sich Partner, die gleiche Vorsätze wie Sie haben!

88 Kein schlechtes Gewissen bei Rückschlägen

Wir alle kennen den Klassiker: Während der Diät übermannt uns das Verlangen nach Süßigkeiten. Wir essen eine ganze Tafel Schokolade. Am nächsten Tag plagt uns das schlechte Gewissen und im schlimmsten Fall verwenden wir diesen kleinen Rückschlag als Grund für den Abbruch der Diät. Tappen Sie nicht in die „Jetzt ist sowieso alles egal"-Falle und vergessen Sie Ihr schlechtes Gewissen! Es belastet und nimmt das Selbstvertrauen. Sagen Sie sich: Die Schokolade gestern habe ich genossen, hat mir gutgetan, aber ab heute bin ich wieder auf Diät und mache weiter.

Mein Mentaltipp!

Vergessen Sie Ihr schlechtes Gewissen, es belastet Sie nur! Machen Sie weiter!

SELBSTVERTRAUEN & INNERE SICHERHEIT

89 Nehmen Sie sich so, wie Sie sind

Die vielleicht wichtigste Grundlage für gesundes Selbstvertrauen ist sich selbst so anzunehmen, wie Sie sind. Viele Menschen leiden darunter, dass sie diesen oder jenen Fehler bei sich sehen, die eine oder andere Schwäche haben, ohne das Gesamtbild ihrer Persönlichkeit zu betrachten. Also zu berücksichtigen, dass auch Positives und Stärken vorhanden sind. Erst alle Ihre Stärken und Schwächen, Ihre positiven und negativen Eigenschaften machen Sie zu dem, was Sie sind. Perfekt ist ohnehin niemand auf dieser Welt. Akzeptieren Sie einfach Ihre Schwächen, Sie sind ein Teil Ihrer Persönlichkeit. Sie wirken auf die Menschen in Ihrer Umgebung meist ganz anders, als Sie sich selbst sehen.

Mein Mentaltipp!

Nehmen Sie Ihre Schwächen an und stehen Sie dazu!

90 Fehler sind erlaubt

Jeder Mensch macht Fehler! Das ist ein Naturgesetz und gehört zu unserem täglichen Leben. Was uns aber unterscheidet, ist der Umgang mit Fehlern: Die einen sehen den Patzer als Niederlage, die anderen als Lernquelle. Fehler zu machen ist unangenehm, besonders dann, wenn sie nach außen sichtbar werden. Betrachten Sie begangene Fehler trotzdem nicht als Blamage, als Niederlage und ziehen Sie aus einem Missgeschick nicht den falschen Rückschluss: „Das kann ich nicht!" oder „Das passiert immer nur mir." Lernen Sie aus den Fehlern! Sehen Sie Rückschläge als Voraussetzung für Ihr persönliches Wachstum und Ihre Entwicklung. Akzeptieren und analysieren Sie Ihre Fehler: Was wäre anders besser gewesen, was hätten Sie anders machen können? Machen Sie sich wegen eines Patzers keine Vorwürfe, sondern sagen Sie sich stattdessen: Ich bin wieder um ein ganzes Stück erfahrener geworden!

Mein Mentaltipp!

Gestehen Sie sich zu, Fehler machen zu dürfen. Aber versuchen Sie, den gleichen Fehler nicht zweimal zu machen!

91 Nehmen Sie Kritik nie persönlich

Kritik ist weder gut noch schlecht, tut aber meistens weh! Es kommt in erster Linie darauf an, welche Bedeutung wir der Kritik geben. Für die meisten von uns ist Kritik, oder besser: Feedback, unangenehm: Der Kritisierte nimmt es persönlich, fühlt sich angegriffen, minderwertig, nicht liebenswert, geht in die Defensive und beginnt sich sofort zu rechtfertigen. Wenn Sie Kritik erhalten: Bleiben Sie zuerst einmal ruhig und sachlich. Bevor Sie antworten, atmen Sie einige Male durch. Denn durch diese kleine Zeitverzögerung schaffen Sie emotionale Distanz. Das hilft Ihnen, ruhiger und gelassener zu bleiben. Unberechtigte oder unsachliche Kritik können Sie dadurch leichter ertragen und sachlich entkräften. Und im Falle gerechtfertigter Kritik schaffen Sie sich Raum und Zeit, die Fakten kurz zu analysieren und eine Antwort zu überlegen. Analysieren Sie zuerst, wer Sie eigentlich kritisiert und warum. Sie entscheiden dann, ob Sie die Kritik annehmen oder nicht.

Mein Mentaltipp!

Entsorgen Sie unberechtigte oder ungerechte Kritik geistig und beschäftigen Sie sich nicht weiter damit.

92 Führen Sie positive Selbstgespräche

Jeder Mensch führt Selbstgespräche, bewusst oder unbewusst. Diese Dialoge sind aber manchmal negativ und unserem Vorhaben nicht dienlich. „Ich bin ja so ungeschickt!“, schimpfen wir uns oder sagen: „Das schaffe ich nie!“ Ihre Gedanken stehen mit dem, was Sie erreichen möchten, im Widerspruch. Drehen Sie das Ganze um und formulieren Sie Ihre Selbstgespräche bewusst positiv. Geben Sie sich positive Anweisungen: „Das schaffe ich!“, „Ich bin ruhig!“, „Ich bin konzentriert!“ Solche Anweisungen unterstützen Ihr Handeln. Achten Sie bei der Formulierung darauf, dass Sie keine Verneinung verwenden. Das Unterbewusstsein versteht Verneinungen nicht. Das Führen positiver Selbstgespräche muss auch geübt werden.

Mein Mentaltipp!

Glauben Sie an sich und Ihre Fähigkeiten und sprechen Sie sich Mut zu!

93 Vergleichen Sie sich nicht ständig mit Anderen

Vergleichen Sie sich niemals mit anderen Menschen, besonders dann nicht, wenn es um das Thema „Erfolg“ geht. Vergleiche wie „mein Kollege ist erfolgreicher“, „mein Nachbar hat ein größeres Auto“ sind Ihrem Selbstvertrauen nicht zuträglich. Sie sind so, wie Sie sind: einzigartig. Und somit auch die Erfolge, die Sie für sich geschaffen haben. Sobald Sie Ihre Erfolge mit den Leistungen anderer vergleichen, machen Sie Ihr Erreichtes selbst „kaputt“ und demotivieren sich damit nur unnötig. Sie sind mit ganz bestimmten Fähigkeiten und Stärken ausgestattet, um Erfolg auf Ihre Weise zu gestalten. Definieren Sie deswegen Erfolg für sich und nutzen Sie Ihre Stärken, um für sich Ziele zu erreichen – und nicht für die Anderen!

Mein Mentaltipp!

Messen Sie Ihren Erfolg an den eigenen Zielen, und nicht an den Zielen Anderer!

94 Stellen Sie sich Ihren Problemen

Wir alle kennen diese Situation: Es taucht in einer Besprechung ein „Problemchen" auf, und alle sprechen reflexartig vom Problem, suchen einen Schuldigen, fragen sich: „Warum ist das passiert?", „Wie konnte das nur passieren?", oder erklären und rechtfertigen sich. Dadurch bekommt das Problem immer mehr Bedeutung und wird immer größer. Es gibt nur eine Sache, die Ihnen wirklich hilft: die Lösung! Überlegen Sie, was Sie tun können, um zu einer Lösung zu kommen. Es gibt den Spruch: Es gibt keine Probleme, sondern nur Herausforderungen. Stellen Sie sich diesen und arbeiten Sie an deren Lösung!

Mein Mentaltipp!

Suchen Sie nicht nach Schuldigen oder Ursachen, sondern suchen Sie nach Lösungen!

95 Warum schon wieder ich?

Das ist eine Frage, die sich viele Menschen stellen, wenn ihnen etwas Unangenehmes passiert oder sie wieder einmal einfach Pech haben. Selbstmitleid hilft allerdings nicht wirklich weiter. Machen Sie sich bewusst, dass Sie nicht schuld daran sind, aber meistens mit der Ursache etwas zu tun haben. Wenn Sie nämlich der Verursacher sind, können Sie die gesamte Situation auch ändern. Denken Sie optimistisch! Sie kommen dadurch einfach leichter durchs Leben. Mit einer positiven Grundeinstellung erhöhen Sie die Wahrscheinlichkeit, dass Ihnen nicht das Pech an den Fersen klebt, sondern das Glück auf Ihrer Seite ist.

Mein Mentaltipp!

Denken Sie optimistisch, denn Schuldgefühle bringen Sie nicht weiter!

96 Ja! Ich will das! Ich kann das und ich schaffe es!

Haben Sie schon einmal darüber nachgedacht, wie viele Chancen Ihnen in Ihrem Leben schon entgangen sind, weil Sie sich vielleicht gesagt haben: „Das kann ich nicht!“, oder: „Das habe ich noch nie gemacht!“ Im Nachhinein hat sich dann herausgestellt, dass es doch gegangen wäre! Und vielleicht sogar viel einfacher, als Sie es sich vorgestellt haben! Bei der nächsten Gelegenheit, die sich Ihnen bietet, handeln Sie anders. Sie stehen vor einer Herausforderung und zweifeln, ob Sie der Sache gewachsen sind. Sagen Sie sich: „Ja! Das kann ich! Und ich werde es schaffen!“ Denken Sie dabei bildlich an das Ergebnis und stellen Sie sich vor, wie es sich anfühlt, wenn Sie es tatsächlich geschafft haben. Je intensiver der Gedanke und der Glaube an Ihre Fähigkeiten, desto höher ist die Wahrscheinlichkeit, dass Sie Ihr Vorhaben auch tatsächlich realisieren.

Mein Mentaltipp!

Stehen Sie sich nicht selbst im Weg! Glauben Sie an Ihre Fähigkeiten und probieren Sie Dinge einfach aus!

97 Führen Sie ein selbstbestimmtes Leben

Im Leben gibt es viele Einflüsterer, die Ihnen sagen: Tu dieses, tu jenes, das ist richtig, das ist falsch. Viele Menschen neigen dazu, sich diesen Ratgebern unterzuordnen und ihre Anweisungen anzunehmen, anstelle zu tun, was sie selbst für gut und richtig halten. Sie vergeben damit die Chance auf ein befriedigendes und erfülltes Leben. Wenn sich Ihnen Einflüsterer nähern, die es gut mit Ihnen meinen wollen: Lehnen Sie die Meinung der anderen nicht grundsätzlich ab. Hören Sie sich deren Vorschläge in aller Ruhe an (vielleicht ist ja auch wirklich etwas dabei, woraus Sie Nutzen ziehen können), aber geben Sie nicht Ihre eigenen Vorstellungen, Ideen, Ziele und Werte auf. Lassen Sie sich nicht bevormunden. Vor allem dann nicht, wenn Sie bemerken, dass in Ihnen ernsthafte Zweifel erwachen.

Mein Mentaltipp!

Führen Sie ein Leben, in dem Sie das Sagen haben!

98 Der Glaube versetzt Berge

Unser Verhalten ist sehr stark abhängig von dem, was wir glauben. Wir verhalten uns nicht unseren tatsächlichen Fähigkeiten entsprechend, sondern immer danach, was wir glauben zu können. Denken Sie an den starken Elefanten im

Zirkus, der an einem im Vergleich winzigen Stahlstift angekettet ist. Ob Sie eine Aufgabe erfolgreich lösen, hängt davon ab, ob Sie an Ihre Fähigkeiten glauben oder ob Sie von vornherein denken, unfähig zu sein, diese Aufgabe zu lösen. Ob Sie an Ihre Fähigkeiten glauben oder nicht glauben – Sie werden in beiden Fällen Recht behalten! Ihr Unterbewusstsein wird dafür sorgen, dass Ihr Glaube Realität wird. Und deswegen wird der Elefant, der ein Leben lang an einen dünnen Stahlstift angekettet ist, immer glauben, sich davon nicht befreien zu können.

Mein Mentaltipp!

Alles, was Sie sich zutrauen, wird Ihnen auch gelingen! (Gilt umgekehrt allerdings leider auch.)

99 Handle mutig und Du wirst mutig

Sie haben einen Wunsch oder ein Ziel vor Augen und es fehlt Ihnen der Mut, das Unternehmen anzupacken. Sie finden Argumente, wieso diese Sache bei anderen funktioniert und bei Ihnen nicht. Wie so oft im Leben beschäftigen wir uns damit, was alles passieren kann. So drehen sich unsere Gedanken beispielsweise beim Überqueren eines Gipfelgrates um die Gefahren und Risiken. Sie bekommen Angst und werden noch unsicherer. Das Einzige, was zum Erfolg führt, ist handeln! Überlegen Sie sich, welche Schritte nötig sind, um Ihr Vorhaben umzusetzen. Trauen Sie sich und führen Sie Ihren Plan Schritt für Schritt aus! Konzentrieren Sie sich auf das, was gerade zu tun ist. Es wird funktionieren! Ein Seiltänzer, der sich ständig damit beschäftigt, was alles passieren kann, wird abstürzen. Wenn er sich jedoch auf das, was gerade zu tun ist, konzentriert, wird er den Balanceakt schaffen! Genauso verhält es sich mit allen anderen Dingen im Leben. Es sind nämlich nicht die Aufgaben selbst, die uns beunruhigen, sondern nur die Vorstellung von all den damit verbundenen Gefahrenquellen.

Mein Mentaltipp!

Haben Sie Mut und probieren Sie auch Neues aus!

100 Nobody is perfect

Perfekt sein zu wollen ist ein Kampf gegen Windmühlen und gegen das eigene Selbstvertrauen. Wer perfektionistisch handelt und denkt, wird niemals zufrieden sein mit dem, was er tut, und überfordert sich nebenbei noch selbst in der Absicht, „es“ noch besser machen zu wollen. Akzeptieren Sie, dass nichts im Leben perfekt sein kann. Viel wichtiger ist in diesem Zusammenhang, dass Sie im Einklang mit Ihren wirklichen Bedürfnissen leben und diesen auch den entsprechenden Raum geben. Perfektionismus hindert Sie daran. Sie ernten nur Frustration, Stress und Ärger über sich selbst. Wenn Sie immer wieder in die Perfektionismusfalle tappen, fragen Sie einfach Kollegen oder Freunde um ihre Meinung. Sie werden die Dinge wesentlich objektiver beurteilen und merken oft nicht einmal den Unterschied zwischen erledigter Arbeit oder perfekt erledigter Arbeit.

Mein Mentaltipp!

Es muss nicht immer alles perfekt sein! Setzen Sie sich deswegen Zeitlimits für Aufgaben!

LERNEN, PRÜFUNGEN & MENTAL FIT IM ENTSCHEIDENDEN MOMENT

101 Setzen Sie sich nicht selbst unter Druck

Den meisten Druck machen wir uns selbst, indem wir nur den Erfolg als einzig wahres Ziel gelten lassen. Ihr persönliches Umfeld kann dies noch weiter verstärken, indem es ebenfalls Druck ausübt. All diese innere und äußere Erwartungshaltung führt dazu, dass Sie Ihre Leistung nicht optimal abrufen können. Sie sind blockiert. Bei Prüfungen fällt Ihnen nichts mehr ein. In den entscheidenden Momenten versagen Sie. Nehmen Sie sich doch selbst diesen Druck und sagen Sie sich: „Ich bin gut vorbereitet, gebe mein Bestes und werde die Prüfung schaffen!“ Oder: „Ich glaube fest daran, die Prüfung zu schaffen!“

Mein Mentaltipp!

Bereiten Sie sich gut vor und geben Sie Ihr Bestes – Sie werden bestehen!

102 Keine Angst vor Prüfungen

Wir haben nicht Angst vor der Prüfungssituation an sich, sondern vor den Konsequenzen des Versagens. Sie denken sich: „Ich muss die Prüfung bestehen, sonst ...“, oder: „Wenn ich bei der Prüfung durchfalle, bin ich ein Versager!“ Gedanklich geraten Sie in einen Grübelkreislauf und malen letztlich auch noch den Teufel an die Wand. Ihre Angst wird verstärkt. Ihr Bewältigungsglaube sinkt und sinkt. Drehen Sie Ihre Gedanken um! Sprechen Sie sich Mut zu und stellen Sie sich gedanklich vor, wie Sie zur Prüfung gehen und jede Frage beantworten. Genießen Sie es, wie Sie den Prüfer verblüffen. Angenommen, Sie bestehen dennoch nicht, welche Konsequenzen müssen Sie tragen? Sie werden die Prüfung wiederholen. Was soll's? Und übrigens: Wussten Sie, dass – statistisch gesehen – die Hauptursache für eine negative Note einfach „schlecht vorbereitet“ ist?

Mein Mentaltipp!

Gute Vorbereitung ist schon der halbe Erfolg!

103 Lernen Sie nicht bis unmittelbar vor der Prüfung

Lernen Sie vor einer wichtigen Prüfung nicht bis zum letzten Moment. Denn die knapp bevorstehende Prüfung erzeugt bereits „Druck“ und vermindert die Lerneffizienz. Idealerweise wiederholen Sie am Vortag der Prüfung nur mehr bereits Gelerntes. „Schalten“ Sie am Vorabend der Prüfung lieber ab und entspannen Sie sich, schlafen Sie ausreichend und vermeiden Sie Stress am Prüfungstag, damit Sie entspannt Ihre Prüfung absolvieren können.

Mein Mentaltipp!

Bereiten Sie sich rechtzeitig auf eine Prüfung vor und lernen Sie nicht bis zur letzten Minute!

104 Anspannung als antreibende Kraft nutzen

Angst ist mehr als nur ein negatives, hemmendes Gefühl. Angst kann auch antreibende, aufbauende Wirkung besitzen – vorausgesetzt, sie wird nicht zu groß. Und Anspannung gehört zu Prüfungs- und Wettbewerbssituationen dazu. Sie ist der Motor, der Sie vorantreibt! Aber: Wenn dieses Gefühl übermächtig wird, kehrt sich die Wirkung ins Gegenteil. Eine

Blockade entsteht. Um die „goldene Mitte“ zwischen An- und Entspannung zu finden, setzen Sie sich mit Ihrer Prüfungsangst ganz bewusst auseinander. Akzeptieren Sie diese Anspannung als einen Teil Ihrer Persönlichkeit! Schließen Sie die Augen, lehnen Sie sich zurück und versuchen Sie, das „Zentrum“ der Prüfungsangst in Ihrem Körper zu lokalisieren. Ist es im Bauch? Im Brustbereich? Im Kopf? Wo auch immer Sie dieses Zentrum lokalisieren, „beobachten“ Sie Ihre Angst und Anspannung. Stellen Sie sich vor, wie diese Gefühle aussehen, welche Farben sie haben und freunden Sie sich ruhig mit Ihrer Angst und Anspannung an. Gehen Sie eine Partnerschaft mit ihnen ein. Sie werden sehen: Je öfter Sie sich mit diesen scheinbar negativen Gefühlen beschäftigen, je weniger Sie ihnen aus dem Weg gehen, umso kleiner werden sie und verlieren ihre Macht über Sie.

Mein Mentaltipp!

Nutzen Sie das Gefühl der Anspannung als Motor, der Sie antreibt!

105 Trainieren Sie Ihr Gedächtnis

Mit dem Gedächtnis ist es wie mit einem Muskel: Wird es nicht ständig trainiert, lässt die Leistungsfähigkeit nach. Das Gedächtnis ist eine wichtige Voraussetzung für den Lernerfolg. Schließlich dient es als Speicher des Wissens – und von diesem Wissen sollten wir möglichst viel möglichst lange abrufen können. Das Gedächtnis gibt uns die Fähigkeit, Informationen speichern, verknüpfen und bei Bedarf wieder abrufen zu können. Für ein gutes Gedächtnis ist hohes Konzentrationsvermögen die Voraussetzung schlechthin. Wenn Sie sich leicht ablenken lassen, sei es durch Wahrnehmungsreize aus der Umwelt oder durch eigene, störende Gedanken, sollten Sie zunächst durch gezielte Übungen Ihr Konzentrationsvermögen stabilisieren und dann erst dazu übergehen, mit Gedächtnistraining Ihre Merkfähigkeit weiterzuentwickeln.

Mein Mentaltipp!

Trainieren Sie mit Denksportaufgaben Ihre kleinen grauen Zellen – Sie verbessern dadurch Ihre Merkfähigkeit!

106 Lernen Sie Ihrem Typ entsprechend

Je nach Erfahrung und Veranlagung bevorzugen Sie ein gewisses Lernschema und sind deswegen auch ein bestimmter Lerntyp: Der visuelle Typ stellt sich die Information in Form von Bildern und Symbolen vor. Der auditive Typ verstärkt Informationen durch Sprache und Klänge. Er nutzt beispielsweise Reime oder Eselsbrücken, um sich Dinge zu merken. Der motorische Typ benutzt Bewegungen und Rhythmen. Er merkt sich z.B. Zahlen, indem er die Bewegung beim Eintippen auf der Tastatur im Kopf hat oder beim Lernen einfach nur auf und ab geht. Finden Sie heraus, in welche Richtung Sie tendieren! Arbeiten Sie dann mit diesem Typus und bereiten Sie den Lernstoff für diesen Sinneskanal auf! Keiner der Lerntypen kommt allerdings in Reinform vor. Beobachten Sie sich daher im Alltag und stellen Sie sich Fragen wie: Helfen Ihnen Bilder, um Gelesenes besser zu verstehen? Lassen Sie sich gerne vorlesen? Sind Sie der „Bedienungsanleitungsleser“ oder der „Ausprobierer“?“

Mein Mentaltipp!

Bereiten Sie den Lernstoff typgerecht für sich auf!

107 Schwierige Texte besser verstehen

Jeder hat es schon erlebt: Sie lesen einen Text, Ihre Augen folgen den Wörtern, doch Ihr Gehirn nimmt den Sinn nicht auf. Sie wissen später nicht, was genau im Text stand. Sie können schwierige Texte einfacher lesen, indem Sie die drei Gedächtnistechniken „Wiederholung", „Reduktion" und „Assoziation" miteinander kombinieren. Sie lesen den Text mehrmals. Im ersten Schritt überfliegen Sie den Text, damit Sie wissen, worum es überhaupt geht. Im zweiten Schritt filtern Sie die wichtigen Informationen heraus und formulieren diese so kurz wie möglich für sich selbst. Stellen Sie sich die Kurzinformationen in Form von Bildern vor, und zwar in der Reihenfolge, wie sie im Text vorkommen.

Mein Mentaltipp!

Lesen Sie aktiv! Nutzen Sie Textmarker und Kommentare, um Texte besser zu verstehen!

108 Vermeiden Sie Ablenkung

Sie sollten sich auf eine Prüfung oder ein Verkaufsgespräch vorbereiten oder haben schwierigen Stoff zu lernen und ständig sind Sie der Verlockung auf Ablenkung ausgesetzt. Da ist der Fernseher, das Telefon, Computerspiele und viele andere interessante Dinge, die zu Ihnen sagen: „Ich bin doch viel interessanter als Lernen!" und schon sind Ihre Gedanken meilenweit vom Ziel weg. Sie müssen deshalb nicht gleich in den Keller gehen, um zu lernen. Nutzen Sie diese Ablenkung bewusst, indem Sie sich z.B. nach einem gesetzten Lernziel z.B. mit einem Computerspiel oder was auch immer belohnen. Legen Sie vorher die Dauer der „Unterbrechung" fest, um zu vermeiden, dass Sie sich nicht mehr davon losreißen können.

Mein Mentaltipp!

Gehen Sie bewusst mit Ablenkung um!

109 Lernpausen erhöhen die Effizienz

Lernen ist geistige Schwerstarbeit. Ein halbwegs „trainierter“ Erwachsener schafft es, sich ca. sechzig Minuten am Stück zu konzentrieren. Danach sinkt die Konzentration schnell ab. Die ideale Pausenlänge beträgt ca. 10 Minuten. Nach ungefähr 10 Minuten ist unser Gehirn optimal erholt und wieder aufnahmefähig. Im Zusammenhang mit dem Gehirn wird sehr oft der Ausspruch gebraucht: „Das Gehirn ist trainierbar wie ein Muskel.“ Gerade deshalb stellt sich aber auch die Frage: Würden Sie vier Stunden ohne Pause Hanteln stemmen, um Ihre Armmuskeln zu trainieren? Das wäre etwas schwierig und wenig effizient! Also: Machen Sie mal Pause.

Mein Mentaltipp!

Für effizientes Lernen machen Sie ca. alle 60 Minuten eine Pause von ca. 10 Minuten!

110 Nutzen Sie beide Gehirnhälften

Lineares Lernen nutzt oft das Potential unseres Gehirns nicht optimal aus. Ideal sind Techniken, die sowohl die linke als auch die rechte Gehirnhälfte nutzen. Die populärste dieser

Methoden ist die Mindmap-Technik von Tony Buzan. Diese Technik ermöglicht ein blitzschnelles Erfassen aller Gedanken, Ideen und Teilaspekte, die bei der Lösung einer Aufgabe oder eines Problems auftauchen. Mindmaps gehen landkartenartig von der Blattmitte aus. Dort beginnt man, Themen zu notieren und einzukreisen. Von den Kreisen gehen wieder Verzweigungen aus, die das Thema wieder aufgliedern und verfeinern. Der große Vorteil: Es werden beide Gehirnhälften aktiviert und zum logischen Denken kommt auch noch ein kreativer Aspekt hinzu. Durch die vernetzte Darstellung der Informationen können Zusammenhänge besser erfasst werden. Es gibt zwar Software, die diese Technik unterstützt, doch alles, was Sie handschriftlich erledigen, ist wesentlich nachhaltiger. Es gibt eine Vielzahl an Möglichkeiten, die beiden Gehirnhälften zu trainieren: Jonglieren, gegenläufige Bewegungsabläufe zwischen links und rechts, u.v.m.

Mein Mentaltipp!

Nutzen Sie Lern- und Kreativtechniken, die beide Gehirnhälften nutzen!

111 Spitzenleistung braucht Konzentration

Im Sport, Beruf und Privatleben wird die Menge an Informationen, die auf uns einwirken und uns auch ablenken, immer größer. Je klarer aber Ihre Gedanken auf das, was Sie gerade tun, fokussiert sind, desto besser werden Sie Ihre Aufgabe erledigen. Wenn Ihre Gedanken ständig abschweifen, sollten Sie Ihre Konzentration trainieren. Diese ist genauso trainierbar wie ein Muskel und das Gedächtnis. Übungen dazu finden Sie in meinem Buch „Du schaffst, was Du willst!" oder unter www.mentaltipps.com.

Die Konzentrationsfähigkeit wird aber von Faktoren wie Essen und Trinken oder dem körperlichen und seelischen Zustand beeinflusst. Folgende einfache Dinge wirken sich positiv auf die Konzentration aus:

- Sorgen Sie für angenehme Raumtemperatur und frische Luft!
- Versorgen Sie Ihren Arbeitsplatz mit ausreichend Licht – Tageslicht ist dabei ideal!
- Gönnen Sie in Phasen, in denen Sie sich körperlich und geistig viel abverlangen, Ihrem Körper ausreichend Schlaf!
- Halten Sie Ordnung am Arbeitsplatz und entfernen Sie Störfaktoren. Klingelnde Mobiltelefone, Musik, Gespräche, Lärm und andere Einflüsse stören!
- Achten Sie auf ein optimales Pausenmanagement!
- Trinken Sie während des Lernens viel Flüssigkeit.

Mein Mentaltipp!

Schalten Sie Störquellen aus und konzentrieren Sie sich auf das, was Sie tun!

Literaturverweise & Buchempfehlungen

Dr. med. Toni Pizzecco
Optimismustraining, G|U Verlag

Christian Sterr
Mentaltraining im Sport, spomedis GmbH Hamburg

Werner Tiki Küstenmacher mit Lothar Seiwert
simplify your life, Knaur Taschenbuch Verlag

Klaus Kolb, Frank Miltner
Gedächtnistraining, G|U Verlag

Klaus Kolb, Frank Miltner
Gedächtnistraining für den Job, G|U Verlag

Wolfgang Fasching
„Du schaffst was Du willst!", Colorama Salzburg

Andreas Niedrig
Motivation Kompakt, A-Z Sport Media Ltd. Berlin

James E. Loehr
Die neue mentale Stärke, BLV Verlagsgesellschaft München

Georg Felser
Motivationstechniken, Cornelsen

Roman Braun
Die Macht der Rhetorik, Piper

Matthias Pöhm
Vergessen Sie alles über Rhetorik, mvg Verlag

Matthias Pöhm
Kontern in Bildern, mvg Verlag

Dale Carnegie
Sorge dich nicht, lebe! Fischer Verlag Frankfurt

Sigurd Baumann
Psychologie im Sport, Meyer & Meyer Verlag

Gabriele Stöger, Mona Vogl
Gewonnen wird im Kopf, gestolpert auch! Orell Füssli Verlag

Dr. Friedrich Hainbuch
Progressive Muskelentspannung, G|U Verlag

Barbara Berckhan
So bin ich unverwundbar, Kösel Verlag München

Nikolaus B. Enkelmann
Die Macht der Motivation, mvg Verlag

Jörg-Peter Schröder / Reiner Blank
Stressmanagement, Cornelsen

Lothar J. Seiwert
Balance Your Life, Piper

Akademische Ausbildung

Mentalcollege Bregenz
www.mentalcollege.com